Délices de la Chine
L'Art Culinaires du Pays du Milieu

Camille Dubois

Table des matières

Carpe aigre-douce *9*
Carpe au Tofu *11*
Rouleaux de poisson aux amandes *13*
Cabillaud aux Pousses de Bambou *15*
Poisson aux germes de soja *17*
Filets de poisson à la sauce brune *19*
Galettes de poisson chinoises *20*
Poisson frit croustillant *21*
Cabillaud Frit *22*
Poisson aux cinq épices *23*
Poisson parfumé *24*
Poisson aux cornichons *25*
Morue au gingembre *26*
Morue à la sauce mandarine *28*
Poisson à l'ananas *30*
Rouleaux de poisson au porc *32*
Poisson au vin de riz *34*
Poisson frit *35*
Poisson aux graines de sésame *36*
Boulettes de poisson cuites à la vapeur *37*
Poisson mariné aigre-doux *38*
Poisson à la sauce vinaigrée *39*
Anguille frite *41*
Anguille Sèche Bouillie *42*
Anguille au céleri *44*
Aiglefin farci au poivre *45*
Aiglefin à la sauce aux haricots noirs *46*
Poisson à la sauce brune *47*
Poisson aux cinq épices *48*
Aiglefin à l'ail *49*
Poisson chaud *50*
Aiglefin au gingembre et Pak Soi *52*

Tresses d'aiglefin	*54*
Poisson à la vapeur	*55*
Flétan à la sauce tomate	*57*
Oseille au brocoli	*58*
Rouget à la sauce soja	*60*
Poisson du lac de l'Ouest	*61*
Assiette frite	*62*
Assiette vapeur aux champignons chinois	*63*
Assiette à l'ail	*64*
Plateja à la sauce à l'ananas	*65*
Saumon au Tofu	*67*
Poisson mariné frit	*68*
Truite aux Carottes	*69*
Truite frite	*70*
Truite sauce citron	*71*
Thon chinois	*73*
Steaks de poisson marinés	*75*
Crevettes aux Amandes	*76*
Crevettes à l'anis	*78*
Crevettes aux asperges	*79*
Crevettes au jambon	*80*
Boulettes de crevettes	*81*
Homard rôti	*83*
Crevettes aux pousses de bambou	*84*
Crevettes aux germes de soja	*85*
Crevettes à la sauce aux haricots noirs	*86*
Crevettes au céleri	*88*
Crevettes au Poulet	*89*
Crevettes au piment	*91*
Steak de crevettes Suey	*92*
Chow Mein aux crevettes	*93*
Crevettes aux courgettes et litchis	*94*
Crevettes au Crabe	*96*
Crevettes au Concombre	*98*
Curry De Crevettes	*100*
Curry de crevettes et champignons	*101*

Crevette frite	102
Crevettes panées frites	103
Raviolis aux Crevettes à la Sauce Tomate	104
Coquetiers Aux Crevettes Et Aux Oeufs	106
Rouleaux aux œufs aux crevettes	107
Crevettes d'Extrême-Orient	109
Foo Yung aux crevettes	111
Crevette frite	112
Crevettes frites en sauce	114
Crevettes au jambon et tofu	116
Crevettes sauce homard	117
Crevettes sauce litchi	119
Crevettes mandarines frites	120
Crevettes au Mangetout	121
Crevettes aux champignons chinois	122
Sauté de crevettes et petits pois	123
Crevettes au chutney de mangue	124
Boulettes de crevettes frites avec sauce à l'oignon	126
Crevettes mandarines aux petits pois	127
Crevettes de Pékin	128
Crevettes aux poivrons	129
Crevettes au porc	130
Crevettes frites à la sauce au xérès	131
Crevettes frites au sésame	132
Crevettes dans leur carapace	133
Crevette frite	134
Tempura de crevettes	135
Caoutchouc inférieur	136
Crevettes au Tofu	137
Crevettes aux tomates	138
Crevettes à la sauce tomate	139
Crevettes à la sauce tomate et poivron	140
Crevettes frites à la sauce tomate	141
Crevettes aux Légumes	142
Crevettes aux châtaignes d'eau	144
Wonton aux crevettes	145

Ormeau au poulet *146*
Ormeau aux asperges *147*
Ormeau aux champignons *148*
Ormeau à la sauce d'huître... *149*
Palourdes cuites à la vapeur *150*
Palourdes aux germes de soja *151*
Palourdes au gingembre et à l'ail... *152*
Palourdes frites... *153*
Beignets de crabe *154*
Crabe indigène.. *155*
Chair de crabe aux feuilles chinoises *156*
Crabe Foo Yung aux germes de soja *157*
Crabe au gingembre *158*
Lo Mein au crabe.. *159*
Crabe frit au porc... *160*
Chair de crabe sautée *161*
Boulettes de calamars frits *162*
Homard en cantonais... *163*
Homard Frit.. *164*
Homard cuit à la vapeur avec du jambon.. *165*
Homard aux Champignons *166*
Queues de homard au porc *167*
Homard frit *168*
Nids de homard... *170*
Moules à la sauce aux haricots noirs *171*
Moules au gingembre... *172*
Moules vapeur... *173*
huîtres frites *174*
Huîtres au bacon... *175*
Huîtres frites au gingembre *176*
Huîtres à la sauce aux haricots noirs *177*
Coquilles Saint-Jacques aux Pousses de Bambou........................... *178*
Pétoncle à l'Oeuf... *179*
Pétoncles au Brocoli *180*
Pétoncle au gingembre *182*
Coquilles Saint-Jacques au Jambon... *183*

Pétoncles Mélangés Aux Herbes	*184*
Sauté de pétoncles et d'oignons	*185*
Pétoncles aux Légumes	*186*
Coquilles Saint-Jacques aux poivrons	*187*
Calmar aux germes de soja	*188*
Calamar frit	*190*
Colis de calamars	*191*
Calamar frit	*192*
Faire frire les calamars	*193*
Calamars aux champignons séchés	*194*
Calamars aux légumes	*195*
Rôti de boeuf à l'anis	*196*
Boeuf aux asperges	*197*
Boeuf aux pousses de bambou	*198*
Boeuf aux pousses de bambou et champignons	*199*
Bœuf chinois chinois	*200*
Boeuf aux germes de soja	*201*
Bœuf avec brocoli	*203*
Bœuf au sésame et brocoli	*204*
Rôti de bœuf	*206*
Bœuf Cantonais	*207*
Boeuf aux carottes	*208*
Boeuf aux noix de cajou	*209*
Casserole de bœuf lente	*210*
Boeuf au chou-fleur	*211*
Boeuf au céleri	*212*
Boeuf sauté au céleri	*213*
Bœuf haché au poulet et céleri	*214*
Bœuf au piment	*215*
Boeuf au chou chinois	*217*
Steak de boeuf Suey	*218*
Boeuf au concombre	*219*
Chow Mein au bœuf	*220*
Steak de concombre	*222*
Curry de bœuf au four	*223*

Carpe aigre-douce

Prestations 4

1 grosse carpe ou poisson similaire
300 g/11 oz/¬œ tasse de semoule de maïs (amidon de maïs)
250 ml/8 fl oz/1 tasse d'huile végétale
30 ml/2 cuillères à soupe de sauce soja
5 ml/1 cuillère à café de sel
150 g/5 oz/ ¬Ω tasse de sucre cristallisé
75 ml/5 cuillères à soupe de vinaigre de vin
15 ml/1 cuillère à soupe de vin de riz ou de xérès sec
3 oignons nouveaux (oignons verts), finement hachés
1 tranche de racine de gingembre, hachée finement
250 ml/8 fl oz/1 tasse d'eau bouillante

Lavez et écailler le poisson et laissez-le tremper plusieurs heures dans l'eau froide. Égouttez et séchez puis marquez chaque côté plusieurs fois. Réservez 30 ml/2 cuillères à soupe de maïzena, puis mélangez progressivement suffisamment d'eau au reste de maïzena pour obtenir une pâte ferme. Couvrir le poisson d'œuf. Faites chauffer l'huile jusqu'à ce qu'elle soit très chaude et faites frire le poisson jusqu'à ce qu'il soit croustillant à l'extérieur, puis baissez le feu et continuez à frire jusqu'à ce que le poisson soit tendre. Pendant ce temps, mélangez le reste de la farine de maïs, la sauce soja, le sel, le sucre, le vinaigre de vin,

vin ou xérès, oignon et gingembre. Lorsque le poisson est cuit, transférez-le dans une assiette chaude. Ajouter le mélange de sauce et l'eau à l'huile et porter à ébullition en remuant bien jusqu'à ce que la sauce épaississe. Versez sur le poisson et servez aussitôt.

Carpe au Tofu

Prestations 4

1 tente
60 ml/4 cuillères à soupe d'huile d'arachide
225 g de tofu, coupé en dés
2 oignons (oignons verts), finement hachés
1 gousse d'ail, hachée finement
2 tranches de racine de gingembre, hachées finement
15 ml/1 cuillère à soupe de sauce chili
30 ml/2 cuillères à soupe de sauce soja
500 ml/16 fl oz/2 tasses de bouillon
30 ml/2 cuillères à soupe de vin de riz ou de xérès sec
15 ml/1 cuillère à soupe de farine de maïs (amidon de maïs)
30 ml/2 cuillères à soupe d'eau

Coupez, écailles et nettoyez le poisson et tracez 3 lignes diagonales de chaque côté. Faites chauffer l'huile et faites frire le tofu jusqu'à ce qu'il soit légèrement doré. Retirer de la poêle et bien égoutter. Ajoutez le poisson dans la poêle et faites-le frire jusqu'à ce qu'il soit doré, puis retirez-le de la poêle. Versez tout sauf 15 ml/1 cuillère à soupe d'huile et faites sauter l'oignon, l'ail et le gingembre pendant 30 secondes. Ajouter la sauce chili, la sauce soja, le bouillon et le vin et porter à ébullition. Ajoutez délicatement le poisson dans la poêle

tofu et laisser mijoter à découvert pendant environ 10 minutes jusqu'à ce que le poisson soit cuit et que la sauce ait réduit. Transférez le poisson dans une assiette chaude et déposez le tofu dessus. Mélangez la semoule de maïs et l'eau pour obtenir une pâte, incorporez-la à la sauce et faites cuire en remuant jusqu'à ce que la sauce épaississe un peu. Versez le poisson dessus et servez immédiatement.

Rouleaux de poisson aux amandes

Prestations 4

100 g/4 oz/1 tasse d'amandes
450 g de filets de morue
4 tranches de jambon fumé
1 oignon nouveau (oignon vert), émincé
1 tranche de racine de gingembre, hachée
5 ml/1 cuillère à soupe de farine de maïs (amidon de maïs)
5 ml/1 cuillère à soupe de sucre
2,5 ml/¬Ω cuillère à café de sel
15 ml/1 cuillère à soupe de sauce soja
15 ml/1 cuillère à soupe de vin de riz ou de xérès sec
1 œuf légèrement battu
huile de friture
1 citron, coupé en quartiers

Blanchissez les amandes dans l'eau bouillante pendant 5 minutes, puis égouttez-les et broyez-les. Coupez le poisson en carrés de 9 cm/3 Ω et le jambon en carrés de 5 cm/2. Mélanger l'oignon, le gingembre, la semoule de maïs, le sucre, le sel, la sauce soja, le vin ou le xérès et l'œuf. Ajoutez le poisson au mélange et placez-le sur le plan de travail. Après avoir recouvert le dessus d'amandes, déposez dessus une tranche de jambon. Ramassez et attachez le poisson

avec le cuisinier, Faites chauffer l'huile et faites frire les rouleaux de poisson pendant quelques minutes jusqu'à ce qu'ils soient dorés. Égoutter sur du papier absorbant et servir avec du citron.

Cabillaud aux Pousses de Bambou

Prestations 4

4 champignons chinois séchés

900 g de filets de morue, en cubes

30 ml/2 cuillères à soupe de farine de maïs (amidon de maïs)

huile de friture

30 ml/2 cuillères à soupe d'huile d'arachide

1 oignon nouveau (oignon vert), tranché

1 tranche de racine de gingembre, hachée

sel

100 g de pousses de bambou, tranchées

120 ml/4 fl oz/¬Ω tasse de bouillon de poisson

15 ml/1 cuillère à soupe de sauce soja

45 ml/3 cuillères à soupe d'eau

Faites tremper les champignons dans l'eau tiède pendant 30 minutes, puis égouttez-les. Jetez les tiges et coupez les chapeaux. Saupoudrer avec la moitié du poisson farine de maïs Faites chauffer l'huile et faites frire le poisson jusqu'à ce qu'il soit doré. Égoutter sur du papier absorbant et réserver au chaud.

Pendant ce temps, faites chauffer l'huile et faites revenir l'oignon, le gingembre et un peu de sel jusqu'à ce qu'ils soient dorés. Ajoutez les pousses de bambou et faites revenir 3 minutes. Ajouter le bouillon et la sauce soja, porter à ébullition et cuire 3 minutes. Mélangez le reste de la maïzena avec l'eau pour obtenir une pâte, versez-la dans la casserole et faites cuire en remuant jusqu'à ce que la sauce épaississe. Verser sur le poisson et servir aussitôt.

Poisson aux germes de soja

Prestations 4

450 g/1 lb de germes de soja
45 ml/3 cuillères à soupe d'huile d'arachide
5 ml/1 cuillère à café de sel
3 tranches de racine de gingembre, hachées
450 g/1 lb de filets de poisson, tranchés
4 oignons (oignons verts), tranchés
15 ml/1 cuillère à soupe de sauce soja
60 ml/4 cuillères à soupe de bouillon de poisson
10 ml/2 cuillères à soupe de farine de maïs (amidon de maïs)
15 ml/1 cuillère à soupe d'eau

Blanchir les germes de soja dans l'eau bouillante pendant 4 minutes et bien les égoutter. Faites chauffer la moitié de l'huile et faites revenir le sel et le gingembre pendant 1 minute. Ajoutez le poisson et faites-le frire jusqu'à ce qu'il soit légèrement doré, puis retirez-le de la poêle. Faites chauffer le reste de l'huile et faites revenir l'oignon pendant 1 minute. Ajouter la sauce soja et le bouillon et porter à ébullition. Remettez le poisson dans la poêle, couvrez et laissez cuire 2 minutes jusqu'à ce que le poisson soit bien cuit. Mélangez la semoule de maïs et l'eau pour obtenir une pâte, versez dans la casserole et faites chauffer en remuant jusqu'à ce que la sauce soit claire et épaissie.

Filets de poisson à la sauce brune

Prestations 4

450 g de filets de cabillaud, tranchés épaissement
30 ml/2 cuillères à soupe de vin de riz ou de xérès sec
30 ml/2 cuillères à soupe de sauce soja
3 oignons nouveaux (oignons verts), finement hachés
1 tranche de racine de gingembre, hachée finement
5 ml/1 cuillère à café de sel
5 ml/1 cuillère à soupe d'huile de sésame
30 ml/2 cuillères à soupe de farine de maïs (amidon de maïs)
3 œufs battus
90 ml/6 cuillères à soupe d'huile d'arachide
90 ml/6 cuillères à soupe de bouillon de poisson

Mettez les filets de poisson dans un bol. Mélangez le vin ou le xérès, la sauce soja, la ciboule, le gingembre, le sel et l'huile de sésame, versez sur le poisson, couvrez et laissez mariner 30 minutes. Retirez le poisson de la marinade et ajoutez-y la semoule de maïs, puis plongez-le dans les œufs battus. Faites chauffer l'huile et faites frire le poisson jusqu'à ce qu'il soit doré à l'extérieur. Versez l'huile et incorporez le bouillon et le reste de la marinade. Portez à ébullition et laissez mijoter doucement pendant 5 minutes jusqu'à ce que le poisson soit bien cuit.

Galettes de poisson chinoises

Prestations 4

450 g/1 lb de morue hachée (hachée)
2 oignons (oignons verts), finement hachés
1 gousse d'ail, écrasée
5 ml/1 cuillère à café de sel
5 ml/1 cuillère à soupe de sucre
5 ml/1 cuillère à soupe de sauce soja
45 ml/3 cuillères à soupe d'huile végétale
15 ml/1 cuillère à soupe de farine de maïs (amidon de maïs)

Mélanger la morue, l'oignon, l'ail, le sel, le sucre, la sauce soja et 10 ml/2 cuillères à soupe d'huile. Bien pétrir en saupoudrant de temps en temps un peu de maïzena jusqu'à ce que le mélange soit souple et élastique. Donnez 4 galettes de poisson. Faites chauffer l'huile et faites frire les galettes de poisson pendant environ 10 minutes jusqu'à ce qu'elles soient dorées, en les pressant à plat pendant la cuisson. Servir chaud ou froid.

Poisson frit croustillant

Prestations 4

450 g de filets de poisson, coupés en lanières
30 ml/2 cuillères à soupe de vin de riz ou de xérès sec
sel et poivre fraîchement moulu
45 ml/3 cuillères à soupe de farine de maïs (amidon de maïs)
1 blanc d'oeuf légèrement battu
huile de friture

Versez le poisson avec du vin ou du xérès et assaisonnez de sel et de poivre. Saupoudrer de semoule de maïs. Fouettez le reste de la semoule de maïs dans le blanc d'œuf jusqu'à ce qu'elle soit ferme, puis plongez le poisson dans la pâte. Faites chauffer l'huile et faites frire les lanières de poisson pendant quelques minutes jusqu'à ce qu'elles soient dorées.

Cabillaud Frit

Prestations 4

900 g de filets de morue, en cubes
sel et poivre fraîchement moulu
2 oeufs, battus
100 g/4 oz/1 tasse de farine nature (tout usage).
huile de friture
1 citron, coupé en quartiers

Assaisonnez la morue avec du sel et du poivre. Battre les œufs et la farine et assaisonner de sel. Trempez le poisson dans l'œuf. Faites chauffer l'huile et faites frire le poisson pendant quelques minutes jusqu'à ce qu'il soit doré et cuit. Égoutter sur du papier absorbant et servir avec des quartiers de citron.

Poisson aux cinq épices

Prestations 4

4 filets de cabillaud
5 ml/1 cuillère à café de poudre aux cinq épices
5 ml/1 cuillère à café de sel
30 ml/2 cuillères à soupe d'huile d'arachide
2 gousses d'ail, hachées
2,5 ml/1 de racine de gingembre hachée
30 ml/2 cuillères à soupe de vin de riz ou de xérès sec
15 ml/1 cuillère à soupe de sauce soja
quelques gouttes d'huile de sésame

Frottez le poisson avec de la poudre de cinq épices et du sel. Faites chauffer l'huile et faites frire le poisson jusqu'à ce qu'il soit légèrement doré des deux côtés. Retirer de la poêle et ajouter le reste des ingrédients. Réchauffez en remuant, puis remettez le poisson dans la poêle et réchauffez-le doucement avant de servir.

Poisson parfumé

Prestations 4

30 ml/2 cuillères à soupe de vin de riz ou de xérès sec
1 oignon nouveau (oignon vert), finement haché
2 oeufs, battus
10 ml/2 cuillères à soupe de curry en poudre
5 ml/1 cuillère à café de sel
450 g de filets de poisson blanc, coupés en lanières
100 g de chapelure
huile de friture

Incorporer le vin ou le xérès, l'oignon, les œufs, la poudre de curry et le sel. Trempez le poisson dans le mélange afin que les morceaux soient uniformément enrobés et pressez-le deux fois dans la chapelure. Faites chauffer l'huile et faites frire le poisson pendant quelques minutes jusqu'à ce qu'il soit croustillant et doré. Bien égoutter et servir immédiatement.

Poisson aux cornichons

Prestations 4

4 filets de poisson blanc

75 g de petits cornichons

2 oignons nouveaux (oignons verts)

2 tranches de racine de gingembre

30 ml/2 cuillères à soupe d'eau

5 ml/1 cuillère à soupe d'huile d'arachide

2,5 ml/¬Ω cuillère à café de sel

2,5 ml/¬Ω cuillère de vin de riz ou de xérès sec

Placer le poisson sur une assiette résistante à la chaleur et saupoudrer du reste des ingrédients. Placer sur un plateau vapeur, couvrir et cuire à la vapeur environ 15 minutes dans de l'eau bouillante jusqu'à ce que le poisson soit tendre. Transférer dans une assiette chaude, saupoudrer de gingembre et d'oignon nouveau et servir.

Morue au gingembre

Prestations 4

225 g/8 oz de purée de tomates (pâte)
30 ml/2 cuillères à soupe de vin de riz ou de xérès sec
15 ml/1 cuillère à soupe de racine de gingembre râpée
15 ml/1 cuillère à soupe de sauce chili
15 ml/1 cuillère à soupe d'eau
15 ml/1 cuillère à soupe de sauce soja
10 ml/2 cuillères à soupe de sucre
3 gousses d'ail, émincées
100 g/4 oz/1 tasse de farine nature (tout usage).
75 ml/5 cuillères à soupe de farine de maïs (amidon de maïs)
175 ml/6 fl oz/¬œ tasse d'eau
1 blanc d'oeuf
2,5 ml/¬Ω cuillère à café de sel
huile de friture
450 g de filets de cabillaud, pelés et coupés en dés

Pour faire la sauce, mélangez la purée de tomates, le vin ou le xérès, le gingembre, la sauce chili, l'eau, la sauce soja, le sucre et l'ail. Porter à ébullition et laisser mijoter en remuant pendant 4 minutes.

Fouetter la farine, la semoule de maïs, l'eau, le blanc d'œuf et le sel jusqu'à consistance lisse. Chauffer l'huile. Trempez les morceaux de poisson dans la pâte et faites-les revenir environ 5 minutes jusqu'à ce qu'ils soient cuits et dorés. Égoutter sur du papier absorbant. Égoutter toute l'huile et remettre le poisson et la sauce dans la poêle. Chauffer doucement pendant 3 minutes jusqu'à ce que le poisson soit complètement enrobé de sauce.

Morue à la sauce mandarine

Prestations 4

675 g/1¬Ω lb de filets de morue, coupés en lanières
30 ml/2 cuillères à soupe de farine de maïs (amidon de maïs)
60 ml/4 cuillères à soupe d'huile d'arachide
1 oignon nouveau (oignon vert), haché
2 gousses d'ail, hachées
1 tranche de racine de gingembre, hachée
100 g/4 oz de champignons, tranchés
50 g de pousses de bambou, coupées en lanières
120 ml/4 fl oz/¬Ω tasse de sauce soja
30 ml/2 cuillères à soupe de vin de riz ou de xérès sec
15 ml/1 cuillère à soupe de cassonade
5 ml/1 cuillère à café de sel
250 ml/8 fl oz/1 tasse de bouillon de poulet

Trempez le poisson dans la semoule de maïs jusqu'à ce qu'il soit légèrement enrobé. Faites chauffer l'huile et faites frire le poisson jusqu'à ce qu'il soit doré des deux côtés. Retirer de la poêle. Ajouter l'oignon, l'ail et le gingembre et faire revenir jusqu'à ce qu'ils soient légèrement dorés. Ajoutez les champignons et les pousses de bambou et faites revenir 2 minutes. Ajouter le reste des ingrédients et porter à ébullition

bouillante, provoquant Remettez le poisson dans la poêle, couvrez et laissez cuire 20 minutes.

Poisson à l'ananas

Prestations 4

450 g de filets de poisson

2 oignons (oignons verts), émincés

30 ml/2 cuillères à soupe de sauce soja

15 ml/1 cuillère à soupe de vin de riz ou de xérès sec

2,5 ml/¬Ω cuillère à café de sel

2 œufs légèrement battus

15 ml/1 cuillère à soupe de farine de maïs (amidon de maïs)

45 ml/3 cuillères à soupe d'huile d'arachide

225 g/8 oz de morceaux d'ananas en conserve dans du jus

Coupez le poisson en lanières de 2,5 cm/1 à contre-courant et placez-le dans un bol. Ajouter l'oignon, la sauce soja, le vin ou le xérès et le sel, bien mélanger et laisser reposer 30 minutes. Égoutter le poisson en jetant la marinade. Incorporer les œufs et la semoule de maïs à la pâte et tremper le poisson dans la pâte pour l'enrober, en secouant l'excédent. Faites chauffer l'huile et faites frire le poisson jusqu'à ce qu'il soit légèrement doré des deux côtés. Réduire le feu et poursuivre la cuisson jusqu'à ce qu'elle soit tendre. Pendant ce temps, mélangez 60 ml/4 cuillères à soupe de jus d'ananas avec le reste de l'œuf et les morceaux d'ananas. Placer dans une casserole à feu doux et cuire jusqu'à ce que le tout soit bien chaud, en remuant constamment. organiser

faites cuire le poisson sur une assiette chauffée et versez dessus la sauce pour servir.

Rouleaux de poisson au porc

Prestations 4

450 g de filets de poisson

100 g de porc cuit, haché (haché)

30 ml/2 cuillères à soupe de vin de riz ou de xérès sec

15 ml/1 cuillère à soupe de sucre

huile de friture

120 ml/4 fl oz/¬Ω tasse de bouillon de poisson

3 oignons nouveaux (oignons verts), émincés

1 tranche de racine de gingembre, hachée

15 ml/1 cuillère à soupe de sauce soja

15 ml/1 cuillère à soupe de farine de maïs (amidon de maïs)

45 ml/3 cuillères à soupe d'eau

Coupez le poisson en carrés de 9 cm/3 Ω. Mélangez le porc avec le vin ou le xérès et la moitié du sucre, répartissez-le en carrés de poisson, roulez-les et attachez-les avec de la ficelle. Faites chauffer l'huile et faites frire le poisson jusqu'à ce qu'il soit doré. Égoutter sur du papier absorbant. Pendant ce temps, faites chauffer le bouillon et ajoutez l'oignon, le gingembre, la sauce soja et le reste du sucre. Porter à ébullition et cuire 4 minutes.

Mélangez la semoule de maïs et l'eau pour obtenir une pâte, remuez dans la poêle et faites chauffer,

en remuant jusqu'à ce que la sauce soit claire et épaissie. Verser sur le poisson et servir aussitôt.

Poisson au vin de riz

Prestations 4

400 ml/14 fl oz/1¬œ verre de vin de riz ou de xérès sec

120 ml/4 fl oz/¬Ω tasse d'eau

30 ml/2 cuillères à soupe de sauce soja

5 ml/1 cuillère à soupe de sucre

sel et poivre fraîchement moulu

10 ml/2 cuillères à soupe de farine de maïs (amidon de maïs)

15 ml/1 cuillère à soupe d'eau

450 g de filets de morue

5 ml/1 cuillère à soupe d'huile de sésame

2 oignons (oignons verts), hachés

Porter à ébullition le vin, l'eau, la sauce soja, le sucre, le sel et le poivre et laisser mijoter jusqu'à réduction de moitié. Mélangez la semoule de maïs avec de l'eau pour obtenir une pâte, remuez dans la poêle et faites cuire en remuant pendant 2 minutes. Assaisonner le poisson avec du sel et saupoudrer d'huile de sésame. Ajouter à la poêle et cuire très doucement pendant 8 minutes jusqu'à ce qu'il soit bien cuit. Servir parsemé d'oignons nouveaux.

Poisson frit

Prestations 4

450 g de filets de cabillaud, coupés en lanières

sel

sauce soja

huile de friture

Saupoudrer le poisson de sel et de sauce soja et laisser reposer 10 minutes. Faites chauffer l'huile et faites frire le poisson pendant quelques minutes jusqu'à ce qu'il soit légèrement doré. Égoutter sur du papier absorbant et saupoudrer généreusement de sauce soja avant de servir.

Poisson aux graines de sésame

Prestations 4

450 g de filets de poisson, coupés en lanières
1 oignon, haché
2 tranches de racine de gingembre, hachées
120 ml/4 fl oz/½ tasse de vin de riz ou de xérès sec
10 ml/2 cuillères à soupe de cassonade
2,5 ml/½ cuillère à café de sel
1 œuf légèrement battu
15 ml/1 cuillère à soupe de farine de maïs (amidon de maïs)
45 ml/3 cuillères à soupe de farine nature (tout usage).
60 ml/6 cuillères à soupe de graines de sésame
huile de friture

Placez le poisson dans un bol. Mélangez l'oignon, le gingembre, le vin ou le xérès, le sucre et le sel, ajoutez le poisson et laissez mariner 30 minutes en retournant de temps en temps. Fouetter ensemble l'œuf, la semoule de maïs et la farine pour faire la pâte. Tremper le poisson dans la pâte et incorporer les graines de sésame. Faites chauffer l'huile et faites frire les lanières de poisson pendant environ 1 minute jusqu'à ce qu'elles soient dorées et croustillantes.

Boulettes de poisson cuites à la vapeur

Prestations 4

450 g/1 lb de morue hachée (hachée)
1 œuf légèrement battu
1 tranche de racine de gingembre, hachée
2,5 ml/¬Ω cuillère à café de sel
un peu de poivre fraîchement moulu
15 ml/1 cuillère à soupe de farine de maïs (amidon de maïs) 15 ml/1 cuillère à soupe de vin de riz ou de xérès sec

Mélangez bien tous les ingrédients et formez des boules de la taille d'une noix. Saupoudrez d'un peu de farine si besoin. Placer dans un petit plat allant au four.

Placez le plat sur un plateau vapeur, couvrez et faites cuire à la vapeur sur de l'eau frémissante pendant environ 10 minutes jusqu'à ce qu'il soit cuit.

Poisson mariné aigre-doux

Prestations 4

450 g de filets de poisson, coupés en morceaux
1 oignon, haché
3 tranches de racine de gingembre, hachées
5 ml/1 cuillère à soupe de sauce soja
sel et poivre fraîchement moulu
30 ml/2 cuillères à soupe de farine de maïs (amidon de maïs)
huile de friture
sauce aigre douce

Placez le poisson dans un bol. Mélangez l'oignon, le gingembre, la sauce soja, le sel et le poivre, ajoutez le poisson, couvrez et laissez reposer une heure en retournant de temps en temps. Retirez le poisson de la marinade et saupoudrez-le de semoule de maïs. Faites chauffer l'huile et faites frire le poisson jusqu'à ce qu'il soit croustillant et doré. Égoutter sur du papier absorbant et déposer sur une assiette chauffée. Pendant ce temps, préparez la sauce et versez-la sur le poisson pour servir.

Poisson à la sauce vinaigrée

Prestations 4

450 g de filets de poisson, coupés en lanières
sel et poivre fraîchement moulu
1 blanc d'oeuf légèrement battu
45 ml/3 cuillères à soupe de farine de maïs (amidon de maïs)
15 ml/1 cuillère à soupe de vin de riz ou de xérès sec
huile de friture
250 ml/8 fl oz/1 tasse de bouillon de poisson
15 ml/1 cuillère à soupe de cassonade
15 ml/1 cuillère à soupe de vinaigre de vin
2 tranches de racine de gingembre, hachées
2 oignons (oignons verts), émincés

Assaisonnez le poisson avec un peu de sel et de poivre. Battez les blancs d'œufs avec 30 ml/2 cuillères à soupe de maïzena et le vin ou le xérès. Mélanger le poisson dans la pâte jusqu'à ce qu'il soit enrobé. Faites chauffer l'huile et faites frire le poisson pendant quelques minutes jusqu'à ce qu'il soit doré. Égoutter sur du papier absorbant.

Pendant ce temps, portez à ébullition le bouillon, le sucre et le vinaigre de vin. Ajouter le gingembre et l'oignon et cuire 3 minutes. Mélangez le reste de la semoule de maïs avec un peu d'eau pour obtenir une pâte, remuez

mettez-le dans la poêle et faites-le chauffer en remuant jusqu'à ce que la sauce soit claire et épaissie. Verser sur le poisson pour servir.

Anguille frite

Prestations 4

450 g d'anguille

250 ml/8 fl oz/1 tasse d'huile d'arachide

30 ml/2 cuillères à soupe de sauce soja noire

30 ml/2 cuillères à soupe de vin de riz ou de xérès sec

15 ml/1 cuillère à soupe de cassonade

un peu d'huile de sésame

Épluchez l'anguille et coupez-la en morceaux. Faites chauffer l'huile et faites frire l'anguille jusqu'à ce qu'elle soit dorée. Retirer de la poêle et égoutter. Versez tout sauf 30 ml/2 cuillères à soupe d'huile. Faites chauffer l'huile et ajoutez la sauce soja, le vin ou le xérès et le sucre. Après avoir chauffé, ajoutez l'anguille et faites-la frire jusqu'à ce qu'elle soit bien recouverte et que presque tout le liquide se soit évaporé. Saupoudrer d'huile de sésame et servir.

Anguille Sèche Bouillie

Prestations 4
5 champignons chinois séchés
3 oignons nouveaux (oignons verts)
30 ml/2 cuillères à soupe d'huile d'arachide
20 gousses d'ail
6 tranches de racine de gingembre
10 châtaignes d'eau
900 g d'anguille
30 ml/2 cuillères à soupe de sauce soja
15 ml/1 cuillère à soupe de cassonade
15 ml/1 cuillère à soupe de vin de riz ou de xérès sec
450 ml/¬œ pt/2 verres d'eau
15 ml/1 cuillère à soupe de farine de maïs (amidon de maïs)
45 ml/3 cuillères à soupe d'eau
5 ml/1 cuillère à soupe d'huile de sésame

Faites tremper les champignons dans l'eau tiède pendant 30 minutes, puis égouttez-les et jetez les pieds. Coupez 1 oignon en morceaux et hachez l'autre. Faites chauffer l'huile et faites revenir les champignons, les tranches d'oignon, l'ail, le gingembre et les châtaignes pendant 30 secondes. Ajoutez les anguilles et faites revenir 1 minute. Ajouter la sauce soja, le sucre, le vin ou

le sherry et l'eau, porter à ébullition, couvrir et laisser mijoter doucement pendant 1¬Ω heure, en ajoutant un peu d'eau en cours de cuisson si nécessaire. Mélangez la semoule de maïs et l'eau pour obtenir une pâte, versez dans la casserole et faites chauffer en remuant jusqu'à ce que la sauce épaississe. Servir avec de l'huile de sésame et de l'oignon haché.

Anguille au céleri

Prestations 4

350 g d'anguille
6 branches de céleri
30 ml/2 cuillères à soupe d'huile d'arachide
2 oignons (oignons verts), hachés
1 tranche de racine de gingembre, hachée
30 ml/2 cuillères à soupe d'eau
5 ml/1 cuillère à soupe de sucre
5 ml/1 cuillère à soupe de vin de riz ou de xérès sec
5 ml/1 cuillère à soupe de sauce soja
poivre fraîchement moulu
30 ml/2 cuillères à soupe de persil frais haché

Pelez et coupez l'anguille en lanières. Coupez le céleri en lanières. Faites chauffer l'huile et faites revenir l'oignon et le gingembre pendant 30 secondes. Ajoutez l'anguille et faites frire pendant 30 secondes. Ajoutez le céleri et faites revenir 30 secondes. Ajoutez la moitié de l'eau, le sucre, le vin ou le xérès, la sauce soja et le poivre. Porter à ébullition et laisser mijoter quelques minutes jusqu'à ce que le céleri soit tendre mais encore croustillant et que le liquide ait réduit. Servir parsemé de persil.

Aiglefin farci au poivre

Prestations 4

225 g/8 oz de tranches d'aiglefin, hachées (hachées)
100 g de crevettes décortiquées, hachées (hachées)
1 oignon nouveau (oignon vert), haché
2,5 ml/¬Ω cuillère à café de sel
poivre
4 poivrons verts
45 ml/3 cuillères à soupe d'huile d'arachide
120 ml/4 fl oz/¬Ω tasse de bouillon de poulet
10 ml/2 cuillères à soupe de farine de maïs (amidon de maïs)
5 ml/1 cuillère à soupe de sauce soja

Mélanger l'aiglefin, les crevettes, l'oignon, le sel et le poivre. Coupez la tige du poivron et retirez le milieu. Farcir les poivrons avec le mélange de fruits de mer. Faites chauffer l'huile et ajoutez les poivrons et le bouillon. Portez à ébullition, couvrez et laissez cuire 15 minutes. Transférer les poivrons dans une assiette chaude. Mélangez la semoule de maïs, la sauce soja et un peu d'eau et remuez dans la poêle. Porter à ébullition et laisser mijoter en remuant jusqu'à ce que la sauce soit claire et épaissie.

Aiglefin à la sauce aux haricots noirs

Prestations 4

15 ml/1 cuillère à soupe d'huile d'arachide
2 gousses d'ail, hachées
1 tranche de racine de gingembre, hachée
15 ml/1 cuillère à soupe de sauce aux haricots noirs
2 oignons, coupés en morceaux
1 branche de céleri, tranché
450 g de filets d'aiglefin
15 ml/1 cuillère à soupe de sauce soja
15 ml/1 cuillère à soupe de vin de riz ou de xérès sec
250 ml/8 fl oz/1 tasse de bouillon de poulet

Faites chauffer l'huile et faites revenir l'ail, le gingembre et les haricots noirs jusqu'à ce qu'ils soient légèrement dorés. Ajoutez l'oignon et le céleri et faites revenir 2 minutes. Ajouter l'aiglefin et faire revenir environ 4 minutes de chaque côté ou jusqu'à ce que le poisson soit cuit. Ajoutez la sauce soja, le vin ou le sherry et le bouillon de poulet, portez à ébullition, couvrez et laissez mijoter 3 minutes.

Poisson à la sauce brune

Prestations 4

4 hado ou poisson similaire
45 ml/3 cuillères à soupe d'huile d'arachide
2 oignons (oignons verts), hachés
2 tranches de racine de gingembre, hachées
5 ml/1 cuillère à soupe de sauce soja
2,5 ml/¬Ω cuillerée de vinaigre de vin
2,5 ml/¬Ω cuillère de vin de riz ou de xérès sec
2,5 ml/¬Ω cuillère de sucre
poivre fraîchement moulu
2,5 ml/¬Ω cuillère d'huile de sésame

Coupez le poisson en gros morceaux. Faites chauffer l'huile et faites revenir l'oignon et le gingembre pendant 30 secondes. Ajouter le poisson et faire revenir jusqu'à ce qu'il soit légèrement doré des deux côtés. Ajoutez la sauce soja, le vinaigre de vin, le vin ou le xérès, le sucre et le poivre et laissez cuire 5 minutes jusqu'à ce que la sauce soit épaisse. Servir arrosé d'huile de sésame.

Poisson aux cinq épices

Prestations 4

450 g de filets d'aiglefin
5 ml/1 cuillère à café de poudre aux cinq épices
5 ml/1 cuillère à café de sel
30 ml/2 cuillères à soupe d'huile d'arachide
2 gousses d'ail, hachées
2 tranches de racine de gingembre, hachées
30 ml/2 cuillères à soupe de vin de riz ou de xérès sec
15 ml/1 cuillère à soupe de sauce soja
10 ml/2 cuillères à soupe d'huile de sésame

Frotter les filets d'aiglefin avec de la poudre de cinq épices et du sel. Faites chauffer l'huile et faites frire le poisson jusqu'à ce qu'il soit légèrement doré des deux côtés, puis retirez-le de la poêle. Ajoutez l'ail, le gingembre, le vin ou le xérès, la sauce soja et l'huile de sésame et faites revenir 1 minute. Remettez le poisson dans la poêle et faites-le cuire doucement jusqu'à ce qu'il soit tendre.

Aiglefin à l'ail

Prestations 4

450 g de filets d'aiglefin
5 ml/1 cuillère à café de sel
30 ml/2 cuillères à soupe de farine de maïs (amidon de maïs)
60 ml/4 cuillères à soupe d'huile d'arachide
6 gousses d'ail
2 tranches de racine de gingembre, râpées
45 ml/3 cuillères à soupe d'eau
30 ml/2 cuillères à soupe de sauce soja
15 ml/1 cuillère à soupe de sauce aux haricots jaunes
15 ml/1 cuillère à soupe de vin de riz ou de xérès sec
15 ml/1 cuillère à soupe de cassonade

Saupoudrer de sel et saupoudrer de semoule de maïs. Faites chauffer l'huile et faites frire le poisson jusqu'à ce qu'il soit doré des deux côtés, puis retirez-le de la poêle. Ajoutez l'ail et le gingembre et faites revenir 1 minute. Ajouter le reste des ingrédients, porter à ébullition, couvrir et laisser mijoter 5 minutes. Remettez le poisson dans la poêle, couvrez et laissez mijoter jusqu'à ce qu'il soit tendre.

Poisson chaud

Prestations 4

450 g de filets d'aiglefin, coupés en dés
1 jus de citron
30 ml/2 cuillères à soupe de sauce soja
30 ml/2 cuillères à soupe de sauce aux huîtres
15 ml/1 cuillère à soupe de zeste de citron râpé
un peu de gingembre moulu
sel et poivre
2 blancs d'œufs
45 ml/3 cuillères à soupe de farine de maïs (amidon de maïs)
6 champignons chinois séchés
huile de friture
5 oignons (oignons verts), coupés en lanières
1 branche de céleri, coupée en lanières
100 g de pousses de bambou, coupées en lanières
250 ml/8 fl oz/1 tasse de bouillon de poulet
5 ml/1 cuillère à café de poudre aux cinq épices

Placez le poisson dans un bol et arrosez de jus de citron. Mélangez tout sauf la sauce soja, la sauce aux huîtres, le zeste de citron, le gingembre, le sel, le poivre, le blanc d'œuf et 5 ml/1 cuillère à soupe de maïzena. laisse le

Laisser mariner 2 heures en remuant de temps en temps. Faites tremper les champignons dans l'eau tiède pendant 30 minutes, puis égouttez-les. Jetez les tiges et coupez les chapeaux. Faites chauffer l'huile et faites frire le poisson pendant quelques minutes jusqu'à ce qu'il soit doré. Retirer de la poêle. Ajouter les légumes et faire revenir jusqu'à ce qu'ils soient tendres mais toujours croquants. Versez l'huile. Mélangez le bouillon de poulet avec le reste de la semoule de maïs, ajoutez-le aux légumes et portez à ébullition. Remettez le poisson dans la poêle, assaisonnez avec de la poudre de cinq épices et réchauffez avant de servir.

Aiglefin au gingembre et Pak Soi

Prestations 4

450 g de filet d'ormeau

sel et poivre

225 g/8 oz paquet de soi

30 ml/2 cuillères à soupe d'huile d'arachide

1 tranche de racine de gingembre, hachée

1 oignon, haché

2 poivrons rouges séchés

5 ml/1 cuillère à soupe de miel

10 ml/2 cuillères à soupe de ketchup aux tomates (catsup)

10 ml/2 cuillères à soupe de vinaigre de malt

30 ml/2 cuillères à soupe de vin blanc sec

10 ml/2 cuillères à soupe de sauce soja

10 ml/2 cuillères à soupe de sauce de poisson

10 ml/2 cuillères à soupe de sauce aux huîtres

5 ml/1 cuillère à soupe de pâte de crevettes

Épluchez l'aubergine et coupez-la en morceaux de 2 cm/ ¬æ. Saupoudrez de sel et de poivre. Coupez le chou en petits morceaux. Faites chauffer l'huile et faites revenir le gingembre et l'oignon pendant 1 minute. Ajoutez le chou et le poivre et faites revenir 30 secondes. Ajouter le miel, la tomate

ketchup, vinaigre et vin. Ajouter l'aiglefin et cuire 2 minutes. Incorporer les sauces soja, poisson et huîtres ainsi que la pâte de crevettes et cuire doucement jusqu'à ce que l'aiglefin soit cuit.

Tresses d'aiglefin

Prestations 4

450 g de filets d'aiglefin, avec la peau

sel

5 ml/1 cuillère à café de poudre aux cinq épices

Jus de 2 citrons

5 ml/1 cuillère à soupe d'anis moulu

5 ml/1 cuillère à café de poivre fraîchement moulu

30 ml/2 cuillères à soupe de sauce soja

30 ml/2 cuillères à soupe de sauce aux huîtres

15 ml/1 cuillère à soupe de miel

60 ml/4 cuillères à soupe de ciboulette hachée

8.10 feuilles d'épinards

45 ml/3 cuillères à soupe de vinaigre de vin

Coupez le poisson en longues et fines lanières et formez des tresses, saupoudrez de sel, de poudre de cinq épices et de jus de citron et transférez dans un bol. Mélangez l'anis, le poivre, la sauce soja, la sauce d'huîtres, le miel et la ciboulette, versez sur le poisson et laissez mariner au moins 30 minutes. Remplissez le panier vapeur de feuilles d'épinards, placez la tresse dessus, couvrez et faites cuire doucement à la vapeur dans l'eau vinaigrée pendant environ 25 minutes.

Poisson à la vapeur

Prestations 4

450 g de filets d'aiglefin, pelés et tranchés

1 jus de citron

30 ml/2 cuillères à soupe de sauce soja

30 ml/2 cuillères à soupe de sauce aux huîtres

30 ml/2 cuillères à soupe de sauce aux prunes

5 ml/1 cuillère à soupe de vin de riz ou de xérès sec

sel et poivre

6 champignons chinois séchés

100 g/4 oz de germes de soja

100 g de petits pois

50 g/2 oz/¬Ω tasse de noix, hachées

1 œuf battu

30 ml/2 cuillères à soupe de farine de maïs (amidon de maïs)

225 g/8 oz de chou chinois, pelé

Placez le poisson dans un bol. Incorporer le jus de citron, les sauces soja, huîtres et prunes, le vin ou le xérès, le sel et le poivre. Versez sur le poisson et laissez mariner 30 minutes. Ajouter les légumes, les noix, l'œuf et la semoule de maïs et bien mélanger. Disposez 3 feuilles de chinois les unes sur les autres, une cuillère à café de mélange de poisson

et collecter Continuez jusqu'à ce que tous les ingrédients soient épuisés. Placez les rouleaux dans un panier vapeur, couvrez et faites cuire doucement sur de l'eau frémissante pendant 30 minutes.

Flétan à la sauce tomate

Prestations 4

450 g de filets de flétan

sel

15 ml/1 cuillère à soupe de sauce aux haricots noirs

1 gousse d'ail, écrasée

2 oignons (oignons verts), hachés

2 tranches de racine de gingembre, hachées

15 ml/1 cuillère à soupe de vin de riz ou de xérès sec

15 ml/1 cuillère à soupe de sauce soja

200 g/7 oz de tomates en conserve, égouttées

30 ml/2 cuillères à soupe d'huile d'arachide

Saupoudrer généreusement le flétan de sel et laisser reposer 1 heure. Lavez le sel et séchez. Placer le poisson dans un plat allant au four et saupoudrer de haricots noirs, d'ail, d'oignon, de gingembre, de vin ou de xérès, de sauce soja et de tomates. Placez le bol sur un plateau vapeur, couvrez et faites cuire à la vapeur 20 minutes dans l'eau bouillante jusqu'à ce que le poisson soit cuit. Faites chauffer l'huile jusqu'à ce qu'elle soit presque chaude et mélangez le poisson avant de servir.

Oseille au brocoli

Prestations 4

450 g de queue de seiche, en cubes
sel et poivre
45 ml/3 cuillères à soupe d'huile d'arachide
50 g/2 oz de champignons, tranchés
1 petite carotte, coupée en lanières
1 gousse d'ail, écrasée
2 tranches de racine de gingembre, hachées
45 ml/3 cuillères à soupe d'eau
275 g/10 oz de fleurons de brocoli
5 ml/1 cuillère à soupe de sucre
5 ml/1 cuillère à soupe de farine de maïs (amidon de maïs)
45 ml/3 cuillères à soupe d'eau

Assaisonnez bien les seiches avec du sel et du poivre. Faites chauffer 30 ml/2 cuillères à soupe d'huile et faites revenir la lotte, les champignons, la carotte, l'ail et le gingembre jusqu'à ce qu'ils soient légèrement dorés. Ajouter de l'eau et poursuivre la cuisson, à découvert, à feu doux. Pendant ce temps, blanchissez le brocoli dans l'eau bouillante jusqu'à ce qu'il soit tendre, puis égouttez-le bien. Faites chauffer le reste de l'huile et faites revenir le brocoli et le sucre avec une pincée de sel jusqu'à ce que le brocoli soit bien enrobé d'huile. Disposer en rond réchauffé

assiette de service Mélangez la semoule de maïs et l'eau pour obtenir une pâte, incorporez le poisson et faites cuire en remuant jusqu'à ce que la sauce épaississe. Verser sur le brocoli et servir aussitôt.

Rouget à la sauce soja

Prestations 4

1 mulet

huile de friture

30 ml/2 cuillères à soupe d'huile d'arachide

2 oignons (oignons verts), tranchés

2 tranches de racine de gingembre, râpées

1 piment rouge, écrasé

250 ml/8 fl oz/1 tasse de bouillon de poisson

15 ml/1 cuillère à soupe de sauce soja épaisse

15 ml/1 cuillère à soupe de blanc fraîchement moulu poivre

15 ml/1 cuillère à soupe de vin de riz ou de xérès sec

Coupez le poisson et incisez-le en diagonale de chaque côté. Faites chauffer l'huile et faites frire le poisson jusqu'à ce qu'il soit à moitié cuit. Retirer de l'huile et bien égoutter. Faites chauffer l'huile et faites revenir l'oignon, le gingembre et le poivre pendant 1 minute. Ajouter le reste des ingrédients, bien mélanger et porter à ébullition. Ajouter le poisson et cuire doucement, à découvert, jusqu'à ce que le poisson soit cuit et que le liquide soit presque évaporé.

Poisson du lac de l'Ouest

Prestations 4

1 mulet
30 ml/2 cuillères à soupe d'huile d'arachide
4 oignons (oignons verts), râpés
1 piment rouge, haché
4 tranches de racine de gingembre, râpées
45 ml/3 cuillères à soupe de cassonade
30 ml/2 cuillères à soupe de vinaigre de vin rouge
30 ml/2 cuillères à soupe d'eau
30 ml/2 cuillères à soupe de sauce soja
poivre fraîchement moulu

Nettoyez et coupez le poisson et faites 2 ou 3 coupes en diagonale de chaque côté. Faites chauffer l'huile et faites revenir la moitié de l'oignon, du piment et du gingembre pendant 30 secondes. Ajouter le poisson et faire revenir jusqu'à ce qu'il soit légèrement doré des deux côtés. Ajouter le sucre, le vinaigre de vin, l'eau, la sauce soja et le poivre, porter à ébullition, couvrir et laisser mijoter environ 20 minutes jusqu'à ce que le poisson soit cuit et que la sauce ait réduit. Servir garni du reste des oignons nouveaux.

Assiette frite

Prestations 4

4 tranches d'assiette
sel et poivre fraîchement moulu
30 ml/2 cuillères à soupe d'huile d'arachide
1 tranche de racine de gingembre, hachée
1 gousse d'ail, écrasée
feuilles de laitue

Assaisonnez généreusement le plat de sel et de poivre. Faites chauffer l'huile et faites revenir le gingembre et l'ail pendant 20 secondes. Ajouter le poisson et faire revenir jusqu'à ce qu'il soit complètement cuit et doré. Bien égoutter et servir sur un lit de laitue.

Assiette vapeur aux champignons chinois

Prestations 4

4 champignons chinois séchés
450 g de tranches de pain plat, coupées en cubes
1 gousse d'ail, écrasée
1 tranche de racine de gingembre, hachée
15 ml/1 cuillère à soupe de sauce soja
15 ml/1 cuillère à soupe de vin de riz ou de xérès sec
5 ml/1 cuillère à soupe de cassonade
350 g/12 oz de riz à grains longs cuit

Faites tremper les champignons dans l'eau tiède pendant 30 minutes, puis égouttez-les. Jetez les tiges et coupez les chapeaux. Mélangez le plat, l'ail, le gingembre, la sauce soja, le vin ou le xérès et le sucre, couvrez et laissez mariner une heure. Mettez le riz dans un cuiseur vapeur et placez le poisson dessus. Cuire à la vapeur environ 30 minutes jusqu'à ce que le poisson soit cuit.

Assiette à l'ail

Prestations 4

350 g de tranches de pain plat

sel

45 ml/3 cuillères à soupe de farine de maïs (amidon de maïs)

1 œuf battu

60 ml/4 cuillères à soupe d'huile d'arachide

3 gousses d'ail hachées

4 oignons (oignons verts), hachés

15 ml/1 cuillère à soupe de vin de riz ou de xérès sec

5 ml/1 cuillère à soupe d'huile de sésame

Épluchez le plat et coupez-le en lanières. Saupoudrer de sel et laisser reposer 20 minutes. Enrober le poisson de semoule de maïs et tremper dans l'œuf. Faites chauffer l'huile et faites frire les lanières de poisson pendant environ 4 minutes jusqu'à ce qu'elles soient dorées. Retirer de la poêle et égoutter sur du papier absorbant. Retirez tout l'huile de la poêle sauf 5 ml/1 cuillère à soupe et ajoutez le reste des ingrédients. Porter à ébullition en remuant, puis laisser mijoter 3 minutes. Versez sur le poisson et servez aussitôt.

Plateja à la sauce à l'ananas

Prestations 4

450 g de tranches de pain plat
5 ml/1 cuillère à café de sel
30 ml/2 cuillères à soupe de sauce soja
200 g/7 oz de morceaux d'ananas en conserve
2 oeufs, battus
100 g/4 oz/¬Ω tasse de semoule de maïs (amidon de maïs)
huile de friture
30 ml/2 cuillères à soupe d'eau
5 ml/1 cuillère à soupe d'huile de sésame

Coupez l'assiette en lanières et placez-la dans un bol. Versez le sel, la sauce soja et 30 ml/2 cuillères à soupe de jus d'ananas et laissez reposer 10 minutes. Fouettez les œufs avec 45 ml/3 cuillères à soupe de maïzena et plongez le poisson dans le poisson. Faites chauffer l'huile et faites frire le poisson jusqu'à ce qu'il soit doré. Égouttez le poivron de la cuisine. Mettez le reste du jus d'ananas dans une petite casserole. Mélangez 30 ml/2 cuillères à soupe de maïzena avec l'eau et mélangez dans la casserole. Porter à ébullition et laisser mijoter en remuant jusqu'à épaississement. Ajouter les moitiés d'ananas et faire chauffer.

Avant de servir, incorporez l'huile de sésame. Disposez le poisson cuit dans un plat de service chaud

assiette et garnir avec l'ananas réservé. Verser sur la sauce piquante et servir aussitôt.

Saumon au Tofu

Prestations 4

120 ml/4 fl oz/¬Ω tasse d'huile d'arachide (cacahuète)
450 g de tofu, coupé en dés
2,5 ml/¬Ω cuillère d'huile de sésame
100 g de filet de saumon, haché
un peu de sauce chili
250 ml/8 fl oz/1 tasse de bouillon de poisson
15 ml/1 cuillère à soupe de farine de maïs (amidon de maïs)
45 ml/3 cuillères à soupe d'eau
2 oignons (oignons verts), hachés

Faites chauffer l'huile et faites frire le tofu jusqu'à ce qu'il soit légèrement doré. Retirer de la poêle. Faites chauffer à nouveau l'huile et l'huile de sésame et faites revenir la sauce saumon et chili pendant 1 minute. Ajoutez le bouillon, portez à ébullition, puis remettez le tofu dans la poêle. Cuire doucement, à découvert, jusqu'à ce que les ingrédients soient cuits et que le liquide ait réduit. Mélangez la semoule de maïs et l'eau pour obtenir une pâte. Incorporer petit à petit et cuire en remuant jusqu'à ce que le mélange épaississe. Vous n'aurez peut-être pas besoin de toute la pâte à base de semoule de maïs si vous avez laissé le liquide réduire. Placer sur une assiette chauffée et parsemer d'oignon.

Poisson mariné frit

Prestations 4

450 g de sprats ou autres petits poissons, nettoyés
3 tranches de racine de gingembre, hachées
120 ml/4 fl oz/¬Ω tasse de sauce soja
15 ml/1 cuillère à soupe de vin de riz ou de xérès sec
1 gousse d'anis étoilé
huile de friture
15 ml/1 cuillère à soupe d'huile de sésame

Placez le poisson dans un bol. Mélangez le gingembre, la sauce soja, le vin ou le xérès et l'anis, versez sur le poisson et laissez reposer une heure en retournant de temps en temps. Égoutter le poisson en jetant la marinade. Faites chauffer l'huile et faites frire le poisson par lots jusqu'à ce qu'il soit croustillant et doré. Égoutter sur du papier absorbant et servir arrosé d'huile de sésame.

Truite aux Carottes

Prestations 4

15 ml/1 cuillère à soupe d'huile d'arachide
1 gousse d'ail, écrasée
1 tranche de racine de gingembre, hachée
4 truites
2 carottes, coupées en lanières
25 g/1 oz de pousses de bambou, coupées en lanières
25 g de châtaignes d'eau coupées en lanières
15 ml/1 cuillère à soupe de sauce soja
15 ml/1 cuillère à soupe de vin de riz ou de xérès sec

Faites chauffer l'huile et faites revenir l'ail et le gingembre jusqu'à ce qu'ils soient légèrement dorés. Ajoutez le poisson, couvrez et faites frire jusqu'à ce que le poisson devienne opaque. Ajoutez les carottes, les pousses de bambou, les châtaignes, la sauce soja et le vin ou le xérès, remuez délicatement, couvrez et laissez mijoter 5 minutes.

Truite frite

Prestations 4

4 truites nettoyées et écaillées

2 oeufs, battus

50 g/2 oz/¬Ω tasse de farine nature (tout usage)

huile de friture

1 citron, coupé en quartiers

Coupez le poisson en diagonale plusieurs fois de chaque côté. Ajouter l'œuf battu et mélanger pour bien enrober de farine. Secouez tout excès. Faites chauffer l'huile et faites frire le poisson pendant environ 10 à 15 minutes jusqu'à ce qu'il soit cuit. Égoutter sur du papier absorbant et servir avec du citron.

Truite sauce citron

Prestations 4

450 ml/¬œ pt/2 tasses de bouillon de poulet

5 cm/2 morceaux carrés de zeste de citron

150 ml/¬° pt/poignée ¬Ω tasse de jus de citron

90 ml/6 cuillères à soupe de cassonade

2 tranches de racine de gingembre, coupées en lanières

30 ml/2 cuillères à soupe de farine de maïs (amidon de maïs)

4 truites

375 g/12 oz/3 tasses de farine nature (tout usage)

175 ml/6 fl oz/¬œ tasse d'eau

huile de friture

2 blancs d'œufs

8 oignons (oignons verts), coupés en fines tranches

Pour réaliser la sauce, mélangez le bouillon, le zeste et le jus de citron, le sucre et laissez mijoter 5 minutes. Retirer du feu, filtrer et remettre dans la poêle. Mélangez la semoule de maïs avec un peu d'eau et remuez dans la poêle. Cuire 5 minutes en remuant fréquemment. Retirer du feu et garder la sauce au chaud.

Enduisez légèrement le poisson des deux côtés avec un peu de farine. Fouetter le reste de la farine avec l'eau et 10 ml/2 cuillères à soupe d'huile jusqu'à consistance lisse. Battre les blancs d'œufs jusqu'à ce qu'ils soient fermes mais pas secs et incorporer l'œuf. Faites chauffer le reste de l'huile. Tremper le poisson dans la pâte pour bien l'enrober. Faites cuire le poisson pendant environ 10 minutes, en le retournant une fois, jusqu'à ce qu'il soit bien cuit et doré. Égoutter sur du papier absorbant. Disposez le poisson sur une assiette chaude. Incorporer l'oignon à la sauce tiède, verser sur le poisson et servir aussitôt.

Thon chinois

Prestations 4

30 ml/2 cuillères à soupe d'huile d'arachide
1 oignon, haché
200 g de thon en conserve, égoutté et émietté
2 branches de céleri, hachées
100 g de champignons hachés
1 poivron vert, haché
250 ml/8 fl oz/1 tasse de bouillon
30 ml/2 cuillères à soupe de sauce soja
100 g d'œuf fin
sel
15 ml/1 cuillère à soupe de farine de maïs (amidon de maïs)
45 ml/3 cuillères à soupe d'eau

Faites chauffer l'huile et faites revenir l'oignon jusqu'à ce qu'il soit tendre. Ajouter le thon et mélanger jusqu'à ce qu'il soit bien enrobé d'huile. Ajoutez le céleri, les champignons et le poivre et faites revenir 2 minutes. Ajouter le bouillon et la sauce soja, porter à ébullition, couvrir et cuire 15 minutes. Pendant ce temps, faites cuire les nouilles dans de l'eau bouillante salée pendant 5 minutes jusqu'à ce qu'elles soient tendres, puis égouttez-les bien et placez-les dans un plat de service chaud.

plaque Mélangez la semoule de maïs et l'eau, incorporez le mélange à la sauce au thon et faites cuire en remuant jusqu'à ce que la sauce soit claire et épaissie.

Steaks de poisson marinés

Prestations 4

4 steaks de merlan ou d'aiglefin
2 gousses d'ail, hachées
2 tranches de racine de gingembre, râpées
3 oignons (oignons verts), hachés
15 ml/1 cuillère à soupe de vin de riz ou de xérès sec
15 ml/1 cuillère à soupe de vinaigre de vin
sel et poivre fraîchement moulu
45 ml/3 cuillères à soupe d'huile d'arachide

Placez le poisson dans un bol. Mélangez l'ail, le gingembre, les oignons nouveaux, le vin ou le xérès, le vinaigre de vin, le sel et le poivre, versez sur le poisson, couvrez et laissez mariner plusieurs heures. Retirez le poisson de la marinade. Faites chauffer l'huile et faites frire le poisson jusqu'à ce qu'il soit doré des deux côtés, puis retirez-le de la poêle. Ajouter la marinade dans la poêle, porter à ébullition, puis remettre le poisson dans la poêle et cuire doucement jusqu'à ce qu'il soit bien cuit.

Crevettes aux Amandes

Prestations 4

100 g d'amandes
225 g/8 oz de grosses crevettes non décortiquées
2 tranches de racine de gingembre, hachées
15 ml/1 cuillère à soupe de farine de maïs (amidon de maïs)
2,5 ml/¬Ω cuillère à café de sel
30 ml/2 cuillères à soupe d'huile d'arachide
2 gousses d'ail
2 branches de céleri, hachées
5 ml/1 cuillère à soupe de sauce soja
5 ml/1 cuillère à soupe de vin de riz ou de xérès sec
30 ml/2 cuillères à soupe d'eau

Faire griller les amandes dans une poêle sèche jusqu'à ce qu'elles soient légèrement dorées, puis réserver. Épluchez les crevettes en laissant la queue et coupez-les en deux dans le sens de la longueur jusqu'à la queue. Incorporer le gingembre, la semoule de maïs et le sel. Faites chauffer l'huile et faites revenir l'ail jusqu'à ce qu'il soit légèrement doré, puis jetez l'ail. Ajouter le céleri, la sauce soja, le vin ou le xérès et l'eau dans la poêle et porter à ébullition. Ajouter les crevettes et faire revenir jusqu'à ce qu'elles soient bien chaudes. Servir parsemé d'amandes grillées.

Crevettes à l'anis

Prestations 4

45 ml/3 cuillères à soupe d'huile d'arachide
15 ml/1 cuillère à soupe de sauce soja
5 ml/1 cuillère à soupe de sucre
120 ml/4 fl oz/¬Ω tasse de bouillon de poisson
un peu d'anis moulu
450 g de crevettes décortiquées

Faites chauffer l'huile, ajoutez la sauce soja, le sucre, le bouillon et l'anis et portez à ébullition. Ajouter les crevettes et cuire quelques minutes jusqu'à ce qu'elles soient bien chaudes et parfumées.

Crevettes aux asperges

Prestations 4

450 g d'asperges coupées en morceaux
45 ml/3 cuillères à soupe d'huile d'arachide
2 tranches de racine de gingembre, hachées
15 ml/1 cuillère à soupe de sauce soja
15 ml/1 cuillère à soupe de vin de riz ou de xérès sec
5 ml/1 cuillère à soupe de sucre
2,5 ml/¬Ω cuillère à café de sel
225 g/8 oz de crevettes décortiquées

Blanchir les asperges dans l'eau bouillante pendant 2 minutes et bien les égoutter. Faites chauffer l'huile et faites revenir le gingembre pendant quelques secondes. Ajouter les asperges et mélanger jusqu'à ce qu'elles soient bien enrobées d'huile. Ajouter la sauce soja, le vin ou le xérès, le sucre et le sel et faire chauffer. Ajouter les crevettes et remuer à feu doux jusqu'à ce que les asperges soient tendres.

Crevettes au jambon

Prestations 4

450 g de grosses crevettes non décortiquées
100 g de bacon
1 œuf légèrement battu
2,5 ml/½ cuillère à café de sel
15 ml/1 cuillère à soupe de sauce soja
50 g/2 oz/½ tasse de semoule de maïs (amidon de maïs)
huile de friture

Épluchez les crevettes en laissant les queues intactes. Couper en deux dans le sens de la longueur jusqu'à la queue. Coupez le bacon en petits carrés. Pressez un morceau de bacon au centre de chaque crevette et pressez les deux moitiés ensemble. Battez l'œuf avec le sel et la sauce soja. Trempez les crevettes dans l'œuf et saupoudrez de semoule de maïs. Faites chauffer l'huile et faites frire les crevettes jusqu'à ce qu'elles soient croustillantes et dorées.

Boulettes de crevettes

Prestations 4

3 champignons chinois séchés
450 g de crevettes hachées
6 châtaignes d'eau hachées finement
1 oignon nouveau (oignon vert), finement haché
1 tranche de racine de gingembre, hachée finement
sel et poivre fraîchement moulu
2 oeufs, battus
15 ml/1 cuillère à soupe de farine de maïs (amidon de maïs)
50 g/2 oz/¬Ω tasse de farine nature (tout usage)
huile d'arachide pour la friture

Faites tremper les champignons dans l'eau tiède pendant 30 minutes, puis égouttez-les. Jetez les tiges et hachez finement les chapeaux. Mélanger avec les crevettes, les châtaignes d'eau, l'oignon et le gingembre et assaisonner de sel et de poivre. Mélangez 1 œuf et 5 ml/1 cuillère à soupe de maïzena en boules de la taille d'une cuillère à café.

Fouettez ensemble le reste de l'œuf, la semoule de maïs et la farine et ajoutez suffisamment d'eau pour obtenir une pâte épaisse et lisse. Faites tourner les boules

l'œuf Faites chauffer l'huile et faites frire pendant quelques minutes jusqu'à ce qu'elle soit légèrement dorée.

Homard rôti

Prestations 4

450 g de grosses crevettes décortiquées
100 g de bacon
225 g/8 oz de foie de poulet, tranché
1 gousse d'ail, écrasée
2 tranches de racine de gingembre, hachées
30 ml/2 cuillères à soupe de sucre
120 ml/4 fl oz/¬Ω tasse de sauce soja
sel et poivre fraîchement moulu

Coupez les crevettes dans le sens de la longueur sur le dos sans les couper et aplatissez-les légèrement. Coupez le bacon en morceaux et placez-le dans un bol avec les crevettes et les foies de volaille. Mélangez le reste des ingrédients, versez sur les crevettes et laissez reposer 30 minutes. Placez les crevettes, le bacon et le foie sur des brochettes et faites-les griller ou au barbecue pendant environ 5 minutes, en les retournant fréquemment, jusqu'à ce qu'ils soient cuits, en les arrosant de temps en temps avec la marinade.

Crevettes aux pousses de bambou

Prestations 4

60 ml/4 cuillères à soupe d'huile d'arachide
1 gousse d'ail, hachée
1 tranche de racine de gingembre, hachée
450 g de crevettes décortiquées
30 ml/2 cuillères à soupe de vin de riz ou de xérès sec
225 g/8 oz de pousses de bambou
30 ml/2 cuillères à soupe de sauce soja
15 ml/1 cuillère à soupe de farine de maïs (amidon de maïs)
45 ml/3 cuillères à soupe d'eau

Faites chauffer l'huile et faites revenir l'ail et le gingembre jusqu'à ce qu'ils soient légèrement dorés. Ajoutez les crevettes et faites revenir 1 minute. Ajoutez le vin ou le sherry et mélangez bien. Ajoutez les pousses de bambou et faites revenir 5 minutes. Ajoutez le reste des ingrédients et faites revenir 2 minutes.

Crevettes aux germes de soja

Prestations 4

4 champignons chinois séchés
30 ml/2 cuillères à soupe d'huile d'arachide
1 gousse d'ail, écrasée
225 g/8 oz de crevettes décortiquées
15 ml/1 cuillère à soupe de vin de riz ou de xérès sec
450 g/1 lb de germes de soja
120 ml/4 fl oz/¬Ω tasse de bouillon de poulet
15 ml/1 cuillère à soupe de sauce soja
15 ml/1 cuillère à soupe de farine de maïs (amidon de maïs)
sel et poivre fraîchement moulu
2 oignons (oignons verts), hachés

Faites tremper les champignons dans l'eau tiède pendant 30 minutes, puis égouttez-les. Jetez les tiges et coupez les chapeaux. Faites chauffer l'huile et faites revenir l'ail jusqu'à ce qu'il devienne légèrement brun. Ajoutez les crevettes et faites revenir 1 minute. Ajoutez le vin ou le xérès et faites frire pendant 1 minute. Incorporer les champignons et les germes de soja. Mélangez le bouillon, la sauce soja et la semoule de maïs et remuez dans la poêle. Porter à ébullition puis laisser mijoter en remuant jusqu'à ce que la sauce soit claire et épaissie. Assaisonnez avec du sel et du poivre. Servir parsemé d'oignons nouveaux.

Crevettes à la sauce aux haricots noirs

Prestations 4

30 ml/2 cuillères à soupe d'huile d'arachide
5 ml/1 cuillère à café de sel
1 gousse d'ail, écrasée
45 ml/3 cuillères à soupe de sauce aux haricots noirs
1 poivron vert, haché
1 oignon, haché
120 ml/4 fl oz/¬Ω tasse de bouillon de poisson
5 ml/1 cuillère à soupe de sucre
15 ml/1 cuillère à soupe de sauce soja
225 g/8 oz de crevettes décortiquées
15 ml/1 cuillère à soupe de farine de maïs (amidon de maïs)
45 ml/3 cuillères à soupe d'eau

Faites chauffer l'huile et incorporez la sauce au sel, à l'ail et aux haricots noirs pendant 2 minutes. Ajouter le poivron et l'oignon et faire revenir 2 minutes. Ajouter le bouillon, le sucre et la sauce soja et porter à ébullition. Ajouter les crevettes et cuire 2 minutes. Mélangez la semoule de maïs et l'eau pour obtenir une pâte, ajoutez-la à la poêle et faites chauffer en remuant jusqu'à ce que la sauce soit claire et épaissie.

Crevettes au céleri

Prestations 4

45 ml/3 cuillères à soupe d'huile d'arachide
3 tranches de racine de gingembre, hachées
450 g de crevettes décortiquées
5 ml/1 cuillère à café de sel
15 ml/1 cuillère à soupe de xérès
4 branches de céleri, hachées
100 g/4 oz d'amandes hachées

Faites chauffer la moitié de l'huile et faites revenir le gingembre jusqu'à ce qu'il soit légèrement doré. Ajouter les crevettes, le sel et le xérès et faire revenir jusqu'à ce qu'elles soient bien enrobées d'huile, puis retirer de la poêle. Faites chauffer le reste de l'huile et faites revenir le céleri et les amandes pendant quelques minutes jusqu'à ce que le céleri soit tendre mais encore croquant. Remettez les crevettes dans la poêle, mélangez bien et réchauffez avant de servir.

Crevettes au Poulet

Prestations 4

30 ml/2 cuillères à soupe d'huile d'arachide
2 gousses d'ail, hachées
225 g de poulet cuit, tranché finement
100 g de pousses de bambou, tranchées
100 g/4 oz de champignons, tranchés
75 ml/5 cuillères à soupe de bouillon de poisson
225 g/8 oz de crevettes décortiquées
225 g/8 oz de mangetout (pois mange-tout)
15 ml/1 cuillère à soupe de farine de maïs (amidon de maïs)
45 ml/3 cuillères à soupe d'eau

Faites chauffer l'huile et faites revenir l'ail jusqu'à ce qu'il devienne légèrement brun. Ajouter le poulet, les pousses de bambou et les champignons et faire revenir jusqu'à ce qu'ils soient bien enrobés d'huile. Ajouter le bouillon et porter à ébullition. Ajoutez les crevettes et le mangetout, couvrez et laissez cuire 5 minutes. Mélangez la semoule de maïs et l'eau pour obtenir une pâte, versez dans la casserole et faites chauffer en remuant jusqu'à ce que la sauce soit claire et épaissie. Servir immédiatement.

Crevettes au piment

Prestations 4

450 g de crevettes décortiquées

1 blanc d'oeuf

10 ml/2 cuillères à soupe de farine de maïs (amidon de maïs)

5 ml/1 cuillère à café de sel

60 ml/4 cuillères à soupe d'huile d'arachide

25 g/1 oz de poivrons rouges séchés, hachés

1 gousse d'ail, écrasée

5 ml/1 cuillère à café de poivre fraîchement moulu

15 ml/1 cuillère à soupe de sauce soja

5 ml/1 cuillère à soupe de vin de riz ou de xérès sec

2,5 ml/½ cuillère de sucre

2,5 ml/½ cuillerée de vinaigre de vin

2,5 ml/½ cuillère d'huile de sésame

Placer les crevettes dans un bol avec le blanc d'œuf, la semoule de maïs et le sel et laisser mariner 30 minutes. Faites chauffer l'huile et faites revenir le poivron, l'ail et le poivre pendant 1 minute. Ajoutez les crevettes et le reste des ingrédients et faites revenir quelques minutes jusqu'à ce que les crevettes soient bien chaudes et que les ingrédients soient bien mélangés.

Steak de crevettes Suey

Prestations 4

60 ml/4 cuillères à soupe d'huile d'arachide

2 oignons (oignons verts), hachés

2 gousses d'ail, hachées

1 tranche de racine de gingembre, hachée

225 g/8 oz de crevettes décortiquées

100 g de petits pois surgelés

100 g de champignons, coupés en deux

30 ml/2 cuillères à soupe de sauce soja

15 ml/1 cuillère à soupe de vin de riz ou de xérès sec

5 ml/1 cuillère à soupe de sucre

5 ml/1 cuillère à café de sel

15 ml/1 cuillère à soupe de farine de maïs (amidon de maïs)

Faites chauffer 45 ml/3 cuillères à soupe d'huile et faites revenir l'oignon, l'ail et le gingembre jusqu'à ce qu'ils soient légèrement dorés. Ajoutez les crevettes et faites revenir 1 minute. Retirer de la poêle. Faites chauffer le reste de l'huile et faites revenir les petits pois et les champignons pendant 3 minutes. Ajoutez les crevettes, la sauce soja, le vin ou le xérès, le sucre et le sel et faites revenir 2 minutes. Mélangez la semoule de maïs avec un peu d'eau, incorporez-la dans la poêle et faites chauffer en remuant jusqu'à ce que la sauce soit claire et épaissie.

Chow Mein aux crevettes

Prestations 4

450 g de crevettes décortiquées
15 ml/1 cuillère à soupe de farine de maïs (amidon de maïs)
15 ml/1 cuillère à soupe de sauce soja
15 ml/1 cuillère à soupe de vin de riz ou de xérès sec
4 champignons chinois séchés
30 ml/2 cuillères à soupe d'huile d'arachide
5 ml/1 cuillère à café de sel
1 tranche de racine de gingembre, hachée
100 g de chou chinois, tranché
100 g de pousses de bambou, tranchées
Nouilles frites

Mélangez les crevettes avec la semoule de maïs, la sauce soja et le vin ou le xérès et laissez reposer en remuant de temps en temps. Faites tremper les champignons dans l'eau tiède pendant 30 minutes, puis égouttez-les. Jetez les tiges et coupez les chapeaux. Faites chauffer l'huile et faites revenir le sel et le gingembre pendant 1 minute. Ajouter le chou et les pousses de bambou et mélanger jusqu'à ce qu'ils soient recouverts d'huile. Couvrir et cuire 2 minutes. Incorporer les crevettes et la marinade et faire sauter pendant 3 minutes. Incorporer les nouilles égouttées et réchauffer avant de servir.

Crevettes aux courgettes et litchis

Prestations 4

12 crevettes

sel et poivre

10 ml/2 cuillères à soupe de sauce soja

10 ml/2 cuillères à soupe de farine de maïs (amidon de maïs)

15 ml/1 cuillère à soupe d'huile d'arachide

4 gousses d'ail, émincées

2 poivrons rouges, hachés

225 g de courgettes coupées en dés

2 oignons (oignons verts), hachés

12 litchis, dénoyautés

120 ml/4 fl oz/¬Ω tasse de crème de coco

10 ml/2 cuillères à soupe de poudre de curry doux

5 ml/1 cuillère à soupe de sauce de poisson

Épluchez les crevettes en laissant les queues. Saupoudrer de sel, de poivre et de sauce soja suivi de semoule de maïs. Faites chauffer l'huile et faites revenir l'ail, les poivrons et les crevettes pendant 1 minute. Ajoutez les courgettes, les oignons et les litchis et faites revenir 1 minute. Retirer de la poêle. Versez la crème de coco dans la casserole, portez à ébullition et laissez mijoter 2 minutes jusqu'à épaississement. Incorporer le curry

assaisonner avec de la poudre et de la sauce de poisson, du sel et du poivre. Remettez les crevettes et les légumes dans la sauce pour les réchauffer avant de servir.

Crevettes au Crabe

Prestations 4

45 ml/3 cuillères à soupe d'huile d'arachide
3 oignons (oignons verts), hachés
1 racine de gingembre tranchée, hachée
225 g de chair de crabe
15 ml/1 cuillère à soupe de vin de riz ou de xérès sec
30 ml/2 cuillères à soupe de bouillon de poulet ou de poisson
15 ml/1 cuillère à soupe de sauce soja
5 ml/1 cuillère à soupe de cassonade
5 ml/1 cuillère à soupe de vinaigre de vin
poivre fraîchement moulu
10 ml/2 cuillères à soupe de farine de maïs (amidon de maïs)
225 g/8 oz de crevettes décortiquées

Faites chauffer 30 ml/2 cuillères à soupe d'huile et faites revenir l'oignon et le gingembre jusqu'à ce qu'ils soient légèrement dorés. Ajoutez la chair de crabe et faites revenir 2 minutes. Ajouter le vin ou le xérès, le bouillon, la sauce soja, le sucre et le vinaigre et assaisonner de poivre au goût. Faire frire pendant 3 minutes. Mélangez la semoule de maïs avec un peu d'eau et incorporez-la à la sauce. Cuire en remuant jusqu'à ce que la sauce épaississe.

Pendant ce temps, faites chauffer le reste de l'huile dans une poêle et faites revenir quelques crevettes.

minutes jusqu'à ce qu'il soit chaud. Placer le mélange de crabe sur une assiette chaude et garnir de crevettes.

Crevettes au Concombre

Prestations 4

225 g/8 oz de crevettes décortiquées
sel et poivre fraîchement moulu
15 ml/1 cuillère à soupe de farine de maïs (amidon de maïs)
1 concombre
45 ml/3 cuillères à soupe d'huile d'arachide
2 gousses d'ail, hachées
1 oignon, finement haché
15 ml/1 cuillère à soupe de vin de riz ou de xérès sec
2 tranches de racine de gingembre, hachées

Assaisonner les crevettes avec du sel et du poivre et les enrober de semoule de maïs. Épluchez et épépinez le concombre et coupez-le en tranches épaisses. Faites chauffer la moitié de l'huile et faites revenir l'ail et l'oignon jusqu'à ce qu'ils soient légèrement dorés. Ajoutez les crevettes et le xérès et après avoir fait frire pendant 2 minutes, retirez les ingrédients de la poêle. Faites chauffer le reste de l'huile et faites revenir le gingembre pendant 1 minute. Ajoutez le concombre et faites revenir 2 minutes. Remettez le mélange de crevettes dans la poêle et faites-le revenir jusqu'à ce qu'il soit bien mélangé et bien chaud.

Curry De Crevettes

Prestations 4

45 ml/3 cuillères à soupe d'huile d'arachide
4 oignons (oignons verts), tranchés
30 ml/2 cuillères à soupe de curry en poudre
2,5 ml/¬Ω cuillère à café de sel
120 ml/4 fl oz/¬Ω tasse de bouillon de poulet
450 g de crevettes décortiquées

Faites chauffer l'huile et faites revenir l'oignon pendant 30 secondes. Ajouter le curry et le sel et faire revenir 1 minute. Ajouter le bouillon, porter à ébullition et laisser mijoter en remuant pendant 2 minutes. Ajoutez les crevettes et faites chauffer doucement.

Curry de crevettes et champignons

Prestations 4

5 ml/1 cuillère à soupe de sauce soja

5 ml/1 cuillère à soupe de vin de riz ou de xérès sec

225 g/8 oz de crevettes décortiquées

30 ml/2 cuillères à soupe d'huile d'arachide

2 gousses d'ail, hachées

1 tranche de racine de gingembre, hachée finement

1 oignon, coupé en morceaux

100 g de champignons

100 g/4 oz de petits pois frais ou surgelés

15 ml/1 cuillère à soupe de curry en poudre

15 ml/1 cuillère à soupe de farine de maïs (amidon de maïs)

150 ml/¬° pt/poignée ¬Ω tasse de bouillon de poulet

Incorporer la sauce soja, le vin ou le xérès et les crevettes. Chauffer l'huile avec l'ail et le gingembre et faire revenir jusqu'à ce qu'ils soient légèrement dorés. Ajoutez l'oignon, les champignons et les petits pois et faites revenir 2 minutes. Ajoutez la poudre de curry et la farine de maïs et faites frire pendant 2 minutes. Ajoutez progressivement le bouillon, portez à ébullition, couvrez et laissez mijoter 5 minutes en remuant de temps en temps. Ajouter les crevettes et la marinade, couvrir et cuire 2 minutes.

Crevette frite

Prestations 4

450 g de crevettes décortiquées
30 ml/2 cuillères à soupe de vin de riz ou de xérès sec
5 ml/1 cuillère à café de sel
huile de friture
sauce soja

Ajoutez les crevettes au vin ou au xérès et saupoudrez de sel. Laissez reposer 15 minutes puis égouttez et séchez. Faites chauffer l'huile et faites revenir les crevettes pendant quelques secondes jusqu'à ce qu'elles soient croustillantes. Servir arrosé de sauce soja.

Crevettes panées frites

Prestations 4

50 g/2 oz/¬Ω tasse de farine nature (tout usage)

2,5 ml/¬Ω cuillère à café de sel

1 œuf légèrement battu

30 ml/2 cuillères à soupe d'eau

450 g de crevettes décortiquées

huile de friture

Mélangez la farine, le sel, l'œuf et l'eau dans un bol, en ajoutant un peu d'eau si nécessaire. Mélanger avec les crevettes jusqu'à ce qu'elles soient bien enrobées. Faites chauffer l'huile et faites frire les crevettes pendant quelques minutes jusqu'à ce qu'elles soient croustillantes et dorées.

Raviolis aux Crevettes à la Sauce Tomate

Prestations 4

900 g de crevettes décortiquées

450 g/1 lb de morue hachée (hachée)

4 œufs, battus

50 g/2 oz/¬Ω tasse de semoule de maïs (amidon de maïs)

2 gousses d'ail, hachées

30 ml/2 cuillères à soupe de sauce soja

15 ml/1 cuillère à soupe de sucre

15 ml/1 cuillère à soupe d'huile d'arachide

Pour la sauce:

30 ml/2 cuillères à soupe d'huile d'arachide

100 g d'oignons verts, hachés

100 g de champignons hachés

100 g de jambon coupé en dés

2 branches de céleri, hachées

200 g de tomates pelées et hachées

300 ml/¬Ω pt/1¬° verre d'eau

sel et poivre fraîchement moulu

15 ml/1 cuillère à soupe de farine de maïs (amidon de maïs)

Hachez finement les crevettes et mélangez-les avec la morue. Fouetter les œufs, la semoule de maïs, l'ail, la sauce soja, le sucre et l'huile. Portez à ébullition une grande casserole d'eau et versez des cuillerées du mélange dans la casserole. Remettre à ébullition et laisser mijoter quelques minutes jusqu'à ce que les raviolis remontent à la surface. Bien égoutter. Pour préparer la sauce, faites chauffer l'huile et faites revenir l'oignon jusqu'à ce qu'il soit tendre mais pas doré. Ajouter les champignons et faire revenir 1 minute puis ajouter le jambon, le céleri et la tomate et faire revenir 1 minute. Ajouter l'eau, porter à ébullition et assaisonner de sel et de poivre. Couvrir et cuire 10 minutes en remuant de temps en temps. Mélangez la semoule de maïs avec un peu d'eau et incorporez-la à la sauce. Cuire quelques minutes en remuant jusqu'à ce que la sauce soit claire et épaissie. Servir avec des boulettes.

Coquetiers Aux Crevettes Et Aux Oeufs

Prestations 4

15 ml/1 cuillère à soupe d'huile de sésame

8 crevettes décortiquées

1 piment rouge, haché

2 oignons (oignons verts), hachés

30 ml/2 cuillères à soupe d'ormeau haché (facultatif)

8 œufs

15 ml/1 cuillère à soupe de sauce soja

sel et poivre fraîchement moulu

quelques brins de persil plat

Utilisez de l'huile de sésame pour graisser 8 plats de ramen. Placer une crevette dans chaque assiette avec une pincée de piment, d'oignon et d'ormeau, le cas échéant. Cassez un œuf dans chaque bol et assaisonnez avec de la sauce soja, du sel et du poivre. Placer les ramequins sur une plaque à pâtisserie et cuire au four à 200 ¬∞ C/400 ¬∞ F/thermostat 6 pendant 15 minutes jusqu'à ce que les œufs soient pris et légèrement croustillants à l'extérieur. Soulevez-les délicatement sur une assiette chauffée et décorez de persil.

Rouleaux aux œufs aux crevettes

Prestations 4

225 g/8 oz de germes de soja
30 ml/2 cuillères à soupe d'huile d'arachide
4 branches de céleri, hachées
100 g de champignons hachés
225 g de crevettes décortiquées, hachées
15 ml/1 cuillère à soupe de vin de riz ou de xérès sec
2,5 ml/¬Ω cuillère de farine de maïs (amidon de maïs)
2,5 ml/¬Ω cuillère à café de sel
2,5 ml/¬Ω cuillère de sucre
12 nems
1 œuf battu
huile de friture

Blanchir les germes de soja dans l'eau bouillante pendant 2 minutes et égoutter. Faites chauffer l'huile et faites revenir le céleri pendant 1 minute. Ajoutez les champignons et faites revenir 1 minute. Ajoutez les crevettes, le vin ou le xérès, la semoule de maïs, le sel et le sucre et faites revenir 2 minutes. Laisser refroidir.

Déposez un peu de garniture au centre de chaque croûte et badigeonnez les bords d'œuf battu. Pliez les bords, puis roulez le rouleau loin de vous, en scellant les bords avec l'œuf. Faites chauffer l'huile et faites-la frire jusqu'à ce qu'elle soit dorée.

Crevettes d'Extrême-Orient

Prestations 4

16.20 crevettes décortiquées

1 jus de citron

120 ml/4 fl oz/¬Ω verre de vin blanc sec

30 ml/2 cuillères à soupe de sauce soja

30 ml/2 cuillères à soupe de miel

15 ml/1 cuillère à soupe de zeste de citron râpé

sel et poivre

45 ml/3 cuillères à soupe d'huile d'arachide

1 gousse d'ail, hachée

6 oignons (oignons verts), coupés en lanières

2 carottes, coupées en lanières

5 ml/1 cuillère à café de poudre aux cinq épices

5 ml/1 cuillère à soupe de farine de maïs (amidon de maïs)

Mélangez les crevettes avec le jus de citron, le vin, la sauce soja, le miel et le zeste de citron et assaisonnez de sel et de poivre. Couvrir et laisser mariner 1 heure. Faites chauffer l'huile et faites revenir l'ail jusqu'à ce qu'il devienne légèrement brun. Ajouter les légumes et faire revenir jusqu'à ce qu'ils soient tendres mais toujours croquants. Égoutter les crevettes, les ajouter à la poêle et faire revenir 2 minutes. filtre

marinade et mélanger avec la poudre de cinq épices et la semoule de maïs. Ajouter au wok, bien mélanger et porter à ébullition.

Foo Yung aux crevettes

Prestations 4

6 œufs battus
45 ml/3 cuillères à soupe de farine de maïs (amidon de maïs)
225 g/8 oz de crevettes décortiquées
100 g/4 oz de champignons, tranchés
5 ml/1 cuillère à café de sel
2 oignons (oignons verts), hachés
45 ml/3 cuillères à soupe d'huile d'arachide

Après avoir battu les œufs, incorporez la semoule de maïs. Ajouter tous les autres ingrédients sauf l'huile. Faites chauffer l'huile et versez le mélange dans la poêle petit à petit pour faire des crêpes d'environ 7,5 cm/3 pouces. Faites frire le fond jusqu'à ce qu'il soit doré, puis retournez et faites dorer l'autre côté.

Crevette frite

Prestations 4

12 grosses crevettes crues

1 œuf battu

30 ml/2 cuillères à soupe de farine de maïs (amidon de maïs)

Un peu de sel

un peu de poivre

3 tranches de pain

1 jaune d'oeuf dur (cuit dur), haché

25 g/1 oz de jambon cuit, haché

1 oignon nouveau (oignon vert), haché

huile de friture

Retirez les coquilles et les nervures du dos des chambres, en laissant les queues intactes. Coupez le dos de la crevette avec un couteau bien aiguisé et écrasez-la délicatement. Fouetter ensemble l'œuf, la semoule de maïs, le sel et le poivre. Mélanger les crevettes dans le mélange jusqu'à ce qu'elles soient complètement enrobées. Retirez la croûte du pain et coupez-le en quartiers. Placer une crevette, côté coupé vers le bas, sur chaque morceau et aplatir. Badigeonner un peu du mélange d'œufs sur chaque crevette et saupoudrer de jaune, de jambon et d'oignon.

Faites chauffer l'huile et faites frire les morceaux de pain aux crevettes par lots jusqu'à ce qu'ils soient dorés. Égoutter sur du papier absorbant et servir chaud.

Crevettes frites en sauce

Prestations 4

75 g / 3 oz / ¬° tasse de semoule de maïs (amidon de maïs)
¬Ω oeuf, battu
5 ml/1 cuillère à soupe de vin de riz ou de xérès sec
sel
450 g de crevettes décortiquées
45 ml/3 cuillères à soupe d'huile d'arachide
5 ml/1 cuillère à soupe d'huile de sésame
1 gousse d'ail, écrasée
1 tranche de racine de gingembre, hachée
3 oignons (oignons verts), tranchés
15 ml/1 cuillère à soupe de bouillon de poisson
5 ml/1 cuillère à soupe de vinaigre de vin
5 ml/1 cuillère à soupe de sucre

Mélangez la semoule de maïs, l'œuf, le vin ou le xérès et une pincée de sel pour faire une pâte. Tremper les crevettes dans la pâte afin qu'elles soient légèrement enrobées. Faites chauffer l'huile et faites frire les crevettes à l'extérieur jusqu'à ce qu'elles soient croustillantes. Retirer de la poêle et égoutter l'huile. Faites chauffer l'huile de sésame dans la poêle, ajoutez les crevettes, l'ail, le gingembre et

oignons nouveaux et faire revenir pendant 3 minutes. Mélanger le bouillon, le vinaigre de vin et le sucre, bien mélanger et faire chauffer avant de servir.

Crevettes au jambon et tofu

Prestations 4

30 ml/2 cuillères à soupe d'huile d'arachide
225 g de tofu, coupé en dés
600 ml/1 pt/2¬Ω tasse de bouillon de poulet
100 g de jambon fumé, coupé en dés
225 g/8 oz de crevettes décortiquées

Faites chauffer l'huile et faites frire le tofu jusqu'à ce qu'il soit légèrement doré. Retirer de la poêle et égoutter. Faites chauffer le bouillon, ajoutez le tofu et le jambon et laissez cuire doucement 10 minutes jusqu'à ce que le tofu soit cuit. Ajouter les crevettes et faire bouillir encore 5 minutes jusqu'à ce qu'elles soient bien chaudes. Servir dans des bols profonds.

Crevettes sauce homard

Prestations 4

45 ml/3 cuillères à soupe d'huile d'arachide

2 gousses d'ail, hachées

5 ml/1 cuillère à soupe de haricots noirs hachés

100 g de porc haché (longe).

450 g de crevettes décortiquées

15 ml/1 cuillère à soupe de vin de riz ou de xérès sec

300 ml/¬Ω pt/1¬° tasse de bouillon de poulet

30 ml/2 cuillères à soupe de farine de maïs (amidon de maïs)

2 oeufs, battus

15 ml/1 cuillère à soupe de sauce soja

2,5 ml/¬Ω cuillère à café de sel

2,5 ml/¬Ω cuillère de sucre

2 oignons (oignons verts), hachés

Faites chauffer l'huile et faites revenir l'ail et les haricots noirs jusqu'à ce que l'ail soit légèrement doré. Ajouter le porc et faire revenir jusqu'à ce qu'il soit doré. Ajoutez les crevettes et faites revenir 1 minute. Ajouter le xérès, couvrir et cuire 1 minute. Ajouter le bouillon et la semoule de maïs, porter à ébullition en remuant, couvrir et laisser mijoter 5 minutes. Ajoutez les œufs en remuant tout le temps pour qu'ils deviennent des ficelles. Ajouter du soja

sauce, sel, sucre et oignon et laisser mijoter quelques minutes avant de servir.

Crevettes sauce litchi

Prestations 4

Tasse nature 50 g/2 oz/¬Ω (tout usage)
la farine
2,5 ml/¬Ω cuillère à café de sel
1 œuf légèrement battu
30 ml/2 cuillères à soupe d'eau
450 g de crevettes décortiquées
huile de friture
30 ml/2 cuillères à soupe d'huile d'arachide
2 tranches de racine de gingembre, hachées
30 ml/2 cuillères à soupe de vinaigre de vin
5 ml/1 cuillère à soupe de sucre
2,5 ml/¬Ω cuillère à café de sel
15 ml/1 cuillère à soupe de sauce soja
200 g de litchis en conserve, égouttés

Mélangez la farine, le sel, l'œuf et l'eau pour obtenir une pâte, en ajoutant un peu d'eau si nécessaire. Mélanger avec les crevettes jusqu'à ce qu'elles soient bien enrobées. Faites chauffer l'huile et faites frire les crevettes pendant quelques minutes jusqu'à ce qu'elles soient croustillantes et dorées. Égoutter sur du papier absorbant et déposer sur une assiette chauffée. Pendant ce temps, faites chauffer l'huile et faites revenir le gingembre pendant 1 minute. Ajoutez le vinaigre de vin, le sucre, le sel et la sauce soja. Ajouter les litchis et remuer jusqu'à ce qu'ils soient chauds et enrobés de sauce. Mélangez les crevettes et servez immédiatement.

Crevettes mandarines frites

Prestations 4

60 ml/4 cuillères à soupe d'huile d'arachide
1 gousse d'ail, écrasée
1 tranche de racine de gingembre, hachée
450 g de crevettes décortiquées
30 ml/2 cuillères à soupe de vin de riz ou de xérès sec 30 ml/2 cuillères à soupe de sauce soja
15 ml/1 cuillère à soupe de farine de maïs (amidon de maïs)
45 ml/3 cuillères à soupe d'eau

Faites chauffer l'huile et faites revenir l'ail et le gingembre jusqu'à ce qu'ils soient légèrement dorés. Ajoutez les crevettes et faites revenir 1 minute. Ajoutez le vin ou le sherry et mélangez bien. Ajouter la sauce soja, la semoule de maïs et l'eau et faire revenir 2 minutes.

Crevettes au Mangetout

Prestations 4

5 champignons chinois séchés
225 g/8 oz de germes de soja
60 ml/4 cuillères à soupe d'huile d'arachide
5 ml/1 cuillère à café de sel
2 branches de céleri, hachées
4 oignons (oignons verts), hachés
2 gousses d'ail, hachées
2 tranches de racine de gingembre, hachées
60 ml/4 cuillères à soupe d'eau
15 ml/1 cuillère à soupe de sauce soja
15 ml/1 cuillère à soupe de vin de riz ou de xérès sec
225 g/8 oz de mangetout (pois mange-tout)

225 g/8 oz de crevettes décortiquées
15 ml/1 cuillère à soupe de farine de maïs (amidon de maïs)

Faites tremper les champignons dans l'eau tiède pendant 30 minutes, puis égouttez-les. Jetez les tiges et coupez les chapeaux. Blanchir les germes de soja dans l'eau bouillante pendant 5 minutes et bien les égoutter. Faites chauffer la moitié de l'huile et faites revenir le sel, le céleri, l'oignon et les germes de soja pendant 1 minute, puis retirez-les de la poêle. Faites chauffer le reste de l'huile et faites revenir l'ail et le gingembre jusqu'à ce qu'ils soient légèrement dorés. Ajouter la moitié de l'eau, la sauce soja, le vin ou le xérès, le mangetout et les crevettes, porter à ébullition et laisser mijoter 3 minutes. Mélangez la semoule de maïs et le reste de l'eau pour obtenir une pâte, versez dans la casserole et faites chauffer en remuant jusqu'à ce que la sauce épaississe. Remettez les légumes dans la poêle et portez à ébullition jusqu'à ce qu'ils soient bien chauds. Servir aussitôt.

Crevettes aux champignons chinois

Prestations 4

8 champignons chinois séchés

45 ml/3 cuillères à soupe d'huile d'arachide
3 tranches de racine de gingembre, hachées
450 g de crevettes décortiquées
15 ml/1 cuillère à soupe de sauce soja
5 ml/1 cuillère à café de sel
60 ml/4 cuillères à soupe de bouillon de poisson

Faites tremper les champignons dans l'eau tiède pendant 30 minutes, puis égouttez-les. Jetez les tiges et coupez les chapeaux. Faites chauffer la moitié de l'huile et faites revenir le gingembre jusqu'à ce qu'il soit légèrement doré. Ajouter les crevettes, la sauce soja et le sel et faire revenir jusqu'à ce qu'elles soient recouvertes d'huile, puis retirer de la poêle. Faites chauffer le reste de l'huile et faites revenir les champignons jusqu'à ce qu'ils soient recouverts d'huile. Ajouter le bouillon, porter à ébullition, couvrir et cuire 3 minutes. Remettez les crevettes dans la poêle et remuez jusqu'à ce qu'elles soient bien chaudes.

Sauté de crevettes et petits pois

Prestations 4
450 g de crevettes décortiquées

5 ml/1 cuillère à soupe d'huile de sésame

5 ml/1 cuillère à café de sel

30 ml/2 cuillères à soupe d'huile d'arachide

1 gousse d'ail, écrasée

1 tranche de racine de gingembre, hachée

225 g de petits pois blanchis ou surgelés, décongelés

4 oignons (oignons verts), hachés

30 ml/2 cuillères à soupe d'eau

sel et poivre

Mélangez les crevettes avec l'huile de sésame et le sel. Faites chauffer l'huile et faites revenir l'ail et le gingembre pendant 1 minute. Ajoutez les crevettes et faites revenir 2 minutes. Ajoutez les petits pois et faites revenir 1 minute. Ajoutez les oignons nouveaux et l'eau, salez, poivrez et un peu plus d'huile de sésame, si vous le souhaitez. Réchauffer en remuant soigneusement avant de servir.

Crevettes au chutney de mangue

Prestations 4

12 crevettes

sel et poivre

1 jus de citron

30 ml/2 cuillères à soupe de farine de maïs (amidon de maïs)

1 mangue

5 ml/1 cuillère à soupe de moutarde en poudre

5 ml/1 cuillère à soupe de miel

30 ml/2 cuillères à soupe de crème de coco

30 ml/2 cuillères à soupe de poudre de curry doux

120 ml/4 fl oz/¬Ω tasse de bouillon de poulet

45 ml/3 cuillères à soupe d'huile d'arachide

2 gousses d'ail, hachées

2 oignons (oignons verts), hachés

1 bulbe de fenouil, haché

100 g de chutney de mangue

Épluchez les crevettes en laissant les queues intactes. Assaisonner avec du sel, du poivre et du jus de citron et la moitié de la semoule de maïs. Épluchez la mangue, coupez la chair du noyau puis coupez la chair. Incorporer la moutarde, le miel, la crème de coco, la poudre de curry, le reste de la semoule de maïs et le bouillon. Faites chauffer la moitié de l'huile et faites revenir l'ail, l'oignon et le fenouil pendant 2 minutes. Ajouter le mélange de bouillon, porter à ébullition et laisser mijoter 1 minute. Ajoutez les cubes de mangue et le chutney et faites chauffer doucement, puis transférez dans une assiette chaude. Faites chauffer le reste de l'huile et faites revenir les crevettes pendant 2 minutes. Disposez-les sur les légumes et servez aussitôt.

Boulettes de crevettes frites avec sauce à l'oignon

Prestations 4

3 œufs légèrement battus
45 ml/3 cuillères à soupe de farine nature (tout usage).
sel et poivre fraîchement moulu
450 g de crevettes décortiquées
huile de friture
15 ml/1 cuillère à soupe d'huile d'arachide
2 oignons, hachés
15 ml/1 cuillère à soupe de farine de maïs (amidon de maïs)
30 ml/2 cuillères à soupe de sauce soja
175 ml/6 fl oz/¬œ tasse d'eau

Mélangez les œufs, la farine, le sel et le poivre. Mélangez les crevettes avec l'œuf. Faites chauffer l'huile et faites frire les crevettes jusqu'à ce qu'elles soient dorées. Pendant ce temps, faites chauffer l'huile et faites revenir l'oignon pendant 1 minute.

Mélangez le reste des ingrédients pour obtenir une pâte, ajoutez l'oignon et faites cuire en remuant jusqu'à ce que la sauce épaississe. Égoutter les crevettes et les déposer sur une assiette chaude. Versez dessus la sauce et servez aussitôt.

Crevettes mandarines aux petits pois

Prestations 4

60 ml/4 cuillères à soupe d'huile d'arachide
1 gousse d'ail, hachée
1 tranche de racine de gingembre, hachée
450 g de crevettes décortiquées
30 ml/2 cuillères à soupe de vin de riz ou de xérès sec
225 g/8 oz de petits pois surgelés, décongelés
30 ml/2 cuillères à soupe de sauce soja
15 ml/1 cuillère à soupe de farine de maïs (amidon de maïs)
45 ml/3 cuillères à soupe d'eau

Faites chauffer l'huile et faites revenir l'ail et le gingembre jusqu'à ce qu'ils soient légèrement dorés. Ajoutez les crevettes et faites revenir 1 minute. Ajoutez le vin ou le sherry et mélangez bien. Ajoutez les petits pois et faites revenir 5 minutes. Ajoutez le reste des ingrédients et faites revenir 2 minutes.

Crevettes de Pékin

Prestations 4

30 ml/2 cuillères à soupe d'huile d'arachide
2 gousses d'ail, hachées
1 tranche de racine de gingembre, hachée finement
225 g/8 oz de crevettes décortiquées
4 oignons (oignons verts), coupés en tranches épaisses
120 ml/4 fl oz/¬Ω tasse de bouillon de poulet
5 ml/1 cuillère à soupe de cassonade
5 ml/1 cuillère à soupe de sauce soja
5 ml/1 cuillère à soupe de sauce hoisin
5 ml/1 cuillère à soupe de sauce tabasco

Faites chauffer l'huile avec l'ail et le gingembre et faites-les revenir jusqu'à ce que l'ail brunisse légèrement. Ajoutez les crevettes et faites revenir 1 minute. Ajoutez les oignons nouveaux et faites revenir 1 minute. Ajouter le reste des ingrédients, porter à ébullition, couvrir et laisser mijoter 4 minutes en remuant de temps en temps. Vérifiez l'assaisonnement et ajoutez un peu plus de sauce tabasco si vous le souhaitez.

Crevettes aux poivrons

Prestations 4

30 ml/2 cuillères à soupe d'huile d'arachide
1 poivron vert, coupé en morceaux
450 g de crevettes décortiquées
10 ml/2 cuillères à soupe de farine de maïs (amidon de maïs)
60 ml/4 cuillères à soupe d'eau
5 ml/1 cuillère à soupe de vin de riz ou de xérès sec
2,5 ml/¬Ω cuillère à café de sel
45 ml/2 cuillères à soupe de purée de tomates (pâte)

Faites chauffer l'huile et faites revenir le poivron pendant 2 minutes. Ajouter les crevettes et la purée de tomates et bien mélanger. Mélangez la semoule de maïs avec de l'eau, du vin ou du xérès et du sel pour obtenir une pâte, incorporez-la dans la poêle et faites chauffer en remuant jusqu'à ce que la sauce soit claire et épaissie.

Crevettes au porc

Prestations 4

225 g/8 oz de crevettes décortiquées
100 g de porc maigre, émincé
60 ml/4 cuillères à soupe de vin de riz ou de xérès sec
1 blanc d'oeuf
45 ml/3 cuillères à soupe de farine de maïs (amidon de maïs)
5 ml/1 cuillère à café de sel
15 ml/1 cuillère à soupe d'eau (facultatif)
90 ml/6 cuillères à soupe d'huile d'arachide
45 ml/3 cuillères à soupe de bouillon de poisson
5 ml/1 cuillère à soupe d'huile de sésame

Placer les crevettes et le porc dans des bols séparés. Mélangez 45 ml/3 cuillères à soupe de vin ou de xérès, du blanc d'œuf, 30 ml/2 cuillères à soupe de maïzena et du sel pour obtenir une pâte lâche, en ajoutant de l'eau si nécessaire. Répartissez le mélange entre le porc et les crevettes et mélangez bien pour les enrober uniformément. Faites chauffer l'huile et faites revenir le porc et les crevettes pendant quelques minutes jusqu'à ce qu'ils soient dorés. Retirer de la poêle et verser tout sauf 15 ml/1 cuillère à soupe d'huile. Ajoutez le bouillon dans la poêle avec le reste du vin ou du sherry et la semoule de maïs. Porter à ébullition et laisser mijoter en remuant jusqu'à ce que la sauce épaississe. Mélanger les crevettes et le porc et servir arrosé d'huile de sésame.

Crevettes frites à la sauce au xérès

Prestations 4

50 g/2 oz/¬Ω tasse de farine nature (tout usage)
2,5 ml/¬Ω cuillère à café de sel
1 œuf légèrement battu
30 ml/2 cuillères à soupe d'eau
450 g de crevettes décortiquées
huile de friture
15 ml/1 cuillère à soupe d'huile d'arachide
1 oignon, finement haché
45 ml/3 cuillères à soupe de vin de riz ou de xérès sec
15 ml/1 cuillère à soupe de sauce soja
120 ml/4 fl oz/¬Ω tasse de bouillon de poisson

10 ml/2 cuillères à soupe de farine de maïs (amidon de maïs)
30 ml/2 cuillères à soupe d'eau

Mélangez la farine, le sel, l'œuf et l'eau pour obtenir une pâte, en ajoutant un peu d'eau si nécessaire. Mélanger avec les crevettes jusqu'à ce qu'elles soient bien enrobées. Faites chauffer l'huile et faites frire les crevettes pendant quelques minutes jusqu'à ce qu'elles soient croustillantes et dorées. Égoutter sur du papier absorbant et déposer sur une assiette chauffée. Pendant ce temps, faites chauffer l'huile et faites revenir l'oignon jusqu'à ce qu'il soit tendre. Ajoutez le vin ou le xérès, la sauce soja et le bouillon, portez à ébullition et laissez mijoter 4 minutes. Mélangez la semoule de maïs et l'eau pour obtenir une pâte, versez dans la casserole et faites chauffer en remuant jusqu'à ce que la sauce soit claire et épaissie. Versez la sauce sur les crevettes et servez.

Crevettes frites au sésame

Prestations 4
450 g de crevettes décortiquées
¬Ω blanc d'oeuf
5 ml/1 cuillère à soupe de sauce soja

5 ml/1 cuillère à soupe d'huile de sésame
50 g/2 oz/¬Ω tasse de semoule de maïs (amidon de maïs)
sel et poivre blanc fraîchement moulu
huile de friture
60 ml/4 cuillères à soupe de graines de sésame
feuilles de laitue

Mélangez les crevettes avec le blanc d'œuf, la sauce soja, l'huile de sésame, la semoule de maïs, le sel et le poivre. Ajoutez un peu d'eau si le mélange est trop épais. Faites chauffer l'huile et faites revenir les crevettes pendant quelques minutes jusqu'à ce qu'elles soient légèrement dorées. Pendant ce temps, faites griller brièvement les graines de sésame dans une poêle sèche jusqu'à ce qu'elles soient dorées. Égoutter les crevettes et mélanger avec les graines de sésame. Servir sur un lit de laitue.

Crevettes dans leur carapace

Prestations 4

60 ml/4 cuillères à soupe d'huile d'arachide
750 g/1¬Ω lb de crevettes non décortiquées
3 oignons (oignons verts), hachés

3 tranches de racine de gingembre, hachées

2,5 ml/¬Ω cuillère à café de sel

15 ml/1 cuillère à soupe de vin de riz ou de xérès sec

120 ml/4 fl oz/¬Ω tasse de ketchup aux tomates (catsup)

15 ml/1 cuillère à soupe de sauce soja

15 ml/1 cuillère à soupe de sucre

15 ml/1 cuillère à soupe de farine de maïs (amidon de maïs)

60 ml/4 cuillères à soupe d'eau

Faites chauffer l'huile et faites frire les crevettes pendant 1 minute si elles sont cuites ou jusqu'à ce qu'elles soient roses si elles ne sont pas cuites. Ajoutez l'oignon, le gingembre, le sel et le vin ou le xérès et faites frire pendant 1 minute. Ajouter le ketchup aux tomates, la sauce soja et le sucre et faire revenir 1 minute. Mélangez la semoule de maïs et l'eau, mélangez dans la poêle et faites chauffer en remuant jusqu'à ce que la sauce soit claire et épaissie.

Crevette frite

Prestations 4

75 g / 3 oz / ¬° tasse de semoule de maïs (amidon de maïs)

1 blanc d'oeuf

5 ml/1 cuillère à soupe de vin de riz ou de xérès sec

sel

350 g/12 oz de crevettes décortiquées

huile de friture

Fouettez ensemble la semoule de maïs, le blanc d'œuf, le vin ou le xérès et une pincée de sel pour obtenir une pâte épaisse. Trempez les crevettes dans la pâte jusqu'à ce qu'elles soient bien enrobées. Faites chauffer l'huile jusqu'à ce qu'elle soit bien chaude et faites revenir les crevettes pendant quelques minutes jusqu'à ce qu'elles soient dorées. Retirer de l'huile, réchauffer jusqu'à ce qu'ils soient chauds et faire revenir les crevettes jusqu'à ce qu'elles soient croustillantes et dorées.

Tempura de crevettes

Prestations 4

450 g de crevettes décortiquées

30 ml/2 cuillères à soupe de farine nature (tout usage).

30 ml/2 cuillères à soupe de farine de maïs (amidon de maïs)

30 ml/2 cuillères à soupe d'eau

2 oeufs, battus
huile de friture

Coupez les crevettes en deux sur la courbe intérieure et étalez-les pour former un papillon. Mélangez la farine, la semoule de maïs et l'eau dans un œuf et battez les œufs. Faites chauffer l'huile et faites frire les crevettes jusqu'à ce qu'elles soient dorées.

Caoutchouc inférieur

Prestations 4

30 ml/2 cuillères à soupe d'huile d'arachide
2 oignons (oignons verts), hachés
1 gousse d'ail, écrasée
1 tranche de racine de gingembre, hachée
100 g de poitrine de poulet, coupée en lanières
100 g de jambon coupé en lanières
100 g de pousses de bambou, coupées en lanières
100 g de châtaignes d'eau coupées en lanières
225 g/8 oz de crevettes décortiquées
30 ml/2 cuillères à soupe de sauce soja
30 ml/2 cuillères à soupe de vin de riz ou de xérès sec
5 ml/1 cuillère à café de sel
5 ml/1 cuillère à soupe de sucre
5 ml/1 cuillère à soupe de farine de maïs (amidon de maïs)

Faites chauffer l'huile et faites revenir l'oignon, l'ail et le gingembre jusqu'à ce qu'ils soient tendres. Ajoutez le poulet et faites revenir 1 minute. Ajoutez le jambon, les pousses de bambou et les châtaignes d'eau et faites revenir 3 minutes. Ajoutez les crevettes et faites revenir 1 minute. Ajoutez la sauce soja, le vin ou le xérès, le sel et le sucre et faites revenir 2 minutes. Mélangez la semoule de maïs avec un peu d'eau, mélangez dans la poêle et faites chauffer en remuant pendant 2 minutes.

Crevettes au Tofu

Prestations 4

45 ml/3 cuillères à soupe d'huile d'arachide
225 g de tofu, coupé en dés
1 oignon nouveau (oignon vert), émincé
1 gousse d'ail, écrasée
15 ml/1 cuillère à soupe de sauce soja
5 ml/1 cuillère à soupe de sucre
90 ml/6 cuillères à soupe de bouillon de poisson
225 g/8 oz de crevettes décortiquées

15 ml/1 cuillère à soupe de farine de maïs (amidon de maïs)
45 ml/3 cuillères à soupe d'eau

Faites chauffer la moitié de l'huile et faites frire le tofu jusqu'à ce qu'il soit légèrement doré, puis retirez-le de la poêle. Faites chauffer le reste de l'huile et faites revenir l'oignon et l'ail jusqu'à ce qu'ils soient tendres. Ajouter la sauce soja, le sucre et le bouillon et porter à ébullition. Ajoutez les crevettes et remuez à feu doux pendant 3 minutes. Mélangez la semoule de maïs et l'eau pour obtenir une pâte, versez dans la casserole et faites chauffer en remuant jusqu'à ce que la sauce épaississe. Remettez le tofu dans la poêle et faites-le cuire doucement jusqu'à ce qu'il soit bien chaud.

Crevettes aux tomates

Prestations 4

2 blancs d'œufs
30 ml/2 cuillères à soupe de farine de maïs (amidon de maïs)
5 ml/1 cuillère à café de sel
450 g de crevettes décortiquées
huile de friture

30 ml/2 cuillères à soupe de vin de riz ou de xérès sec
225 g de tomates pelées, épépinées et hachées

Mélangez les blancs d'œufs, la semoule de maïs et le sel. Remuer jusqu'à ce que les crevettes soient bien enrobées. Faites chauffer l'huile et faites frire les crevettes jusqu'à ce qu'elles soient cuites. Versez tout sauf 15 ml/1 cuillère à soupe d'huile et réchauffez. Ajoutez le vin ou le xérès et la tomate et portez à ébullition. Incorporer les crevettes et réchauffer rapidement avant de servir.

Crevettes à la sauce tomate

Prestations 4

30 ml/2 cuillères à soupe d'huile d'arachide
1 gousse d'ail, écrasée
2 tranches de racine de gingembre, hachées
2,5 ml/¬Ω cuillère à café de sel
15 ml/1 cuillère à soupe de vin de riz ou de xérès sec
15 ml/1 cuillère à soupe de sauce soja
6 ml/4 cuillères à soupe de ketchup aux tomates (catsup)
120 ml/4 fl oz/¬Ω tasse de bouillon de poisson
350 g/12 oz de crevettes décortiquées
10 ml/2 cuillères à soupe de farine de maïs (amidon de maïs)
30 ml/2 cuillères à soupe d'eau

Faites chauffer l'huile et faites revenir l'ail, le gingembre et le sel pendant 2 minutes. Ajouter le vin ou le xérès, la sauce soja, le ketchup aux tomates et le bouillon et porter à ébullition. Ajoutez les crevettes, couvrez et laissez cuire 2 minutes. Mélangez la semoule de maïs et l'eau pour obtenir une pâte, incorporez-la dans la poêle et faites chauffer en remuant jusqu'à ce que la sauce soit claire et épaissie.

Crevettes à la sauce tomate et poivron

Prestations 4

60 ml/4 cuillères à soupe d'huile d'arachide
15 ml/1 cuillère à café de gingembre moulu
15 ml/1 cuillère à soupe d'ail émincé
15 ml/1 cuillère à soupe d'oignon émincé
60 ml/4 cuillères à soupe de purée de tomates (pâte)
15 ml/1 cuillère à soupe de sauce chili
450 g de crevettes décortiquées
15 ml/1 cuillère à soupe de farine de maïs (amidon de maïs)
15 ml/1 cuillère à soupe d'eau

Faites chauffer l'huile et faites revenir le gingembre, l'ail et l'oignon pendant 1 minute. Ajouter la purée de tomates et la sauce chili et bien mélanger. Ajoutez les crevettes et faites revenir 2 minutes. Mélangez la semoule de maïs et l'eau pour obtenir une pâte, remuez dans la poêle et laissez mijoter jusqu'à ce que la sauce épaississe. Servir immédiatement.

Crevettes frites à la sauce tomate

Prestations 4

50 g/2 oz/¬Ω tasse de farine nature (tout usage)

2,5 ml/¬Ω cuillère à café de sel

1 œuf légèrement battu

30 ml/2 cuillères à soupe d'eau

450 g de crevettes décortiquées

huile de friture

30 ml/2 cuillères à soupe d'huile d'arachide

1 oignon, finement haché

2 tranches de racine de gingembre, hachées

75 ml/5 cuillères à soupe de ketchup aux tomates (catsup)

10 ml/2 cuillères à soupe de farine de maïs (amidon de maïs)
30 ml/2 cuillères à soupe d'eau

Mélangez la farine, le sel, l'œuf et l'eau pour obtenir une pâte, en ajoutant un peu d'eau si nécessaire. Mélanger avec les crevettes jusqu'à ce qu'elles soient bien enrobées. Faites chauffer l'huile et faites frire les crevettes pendant quelques minutes jusqu'à ce qu'elles soient croustillantes et dorées. Égoutter sur du papier absorbant.

Pendant ce temps, faites chauffer l'huile et faites revenir l'oignon et le gingembre jusqu'à ce qu'ils soient tendres. Ajouter le ketchup aux tomates et cuire 3 minutes. Mélangez la semoule de maïs et l'eau pour obtenir une pâte, versez dans la casserole et faites chauffer en remuant jusqu'à ce que la sauce épaississe. Ajouter les crevettes dans la poêle et cuire jusqu'à ce qu'elles soient bien chaudes. Servir aussitôt.

Crevettes aux Légumes

Prestations 4

15 ml/1 cuillère à soupe d'huile d'arachide
225 g/8 oz de fleurons de brocoli
225 g de champignons
225 g de pousses de bambou, tranchées
450 g de crevettes décortiquées
120 ml/4 fl oz/½ tasse de bouillon de poulet
5 ml/1 cuillère à soupe de farine de maïs (amidon de maïs)
5 ml/1 cuillère à soupe de sauce aux huîtres
2,5 ml/½ cuillère de sucre
2,5 ml/½ cuillère à café de racine de gingembre râpée
un peu de poivre fraîchement moulu

Faites chauffer l'huile et faites revenir le brocoli pendant 1 minute. Ajoutez les champignons et les pousses de bambou et faites revenir 2 minutes. Ajoutez les crevettes et faites revenir 2 minutes. Mélanger le reste des ingrédients et incorporer au mélange de crevettes. Porter à ébullition en remuant, puis laisser bouillir 1 minute en remuant constamment.

Crevettes aux châtaignes d'eau

Prestations 4

60 ml/4 cuillères à soupe d'huile d'arachide
1 gousse d'ail, hachée
1 tranche de racine de gingembre, hachée
450 g de crevettes décortiquées
30 ml/2 cuillères à soupe de vin de riz ou de xérès sec 225 g/8 oz de châtaignes d'eau, tranchées
30 ml/2 cuillères à soupe de sauce soja
15 ml/1 cuillère à soupe de farine de maïs (amidon de maïs)
45 ml/3 cuillères à soupe d'eau

Faites chauffer l'huile et faites revenir l'ail et le gingembre jusqu'à ce qu'ils soient légèrement dorés. Ajoutez les crevettes et faites revenir 1 minute. Ajoutez le vin ou le sherry et mélangez bien. Ajoutez les châtaignes d'eau et faites revenir 5 minutes. Ajoutez le reste des ingrédients et faites revenir 2 minutes.

Wonton aux crevettes

Prestations 4

450 g de crevettes décortiquées, hachées
225 g/8 oz de légumes mélangés, hachés
15 ml/1 cuillère à soupe de sauce soja
2,5 ml/¬Ω cuillère à café de sel
quelques gouttes d'huile de sésame
40 peaux de wonton
huile de friture

Mélangez les crevettes, les légumes, la sauce soja, le sel et l'huile de sésame.

Pour plier les wontons, tenez la peau dans le creux de votre main gauche et mettez un peu de garniture au milieu. Badigeonner les bords de dorure à l'œuf et plier la croûte en triangle, en scellant les bords. Humidifiez les coins avec la pâte et tournez-les ensemble.

Faites chauffer l'huile et faites frire les wontons progressivement jusqu'à ce qu'ils soient dorés. Bien égoutter avant de servir.

Ormeau au poulet

Prestations 4

400 g d'ormeau en conserve
30 ml/2 cuillères à soupe d'huile d'arachide
100 g de poitrine de poulet, coupée en dés
100 g de pousses de bambou, tranchées
250 ml/8 fl oz/1 tasse de bouillon de poisson
15 ml/1 cuillère à soupe de vin de riz ou de xérès sec
5 ml/1 cuillère à soupe de sucre
2,5 ml/¬Ω cuillère à café de sel
15 ml/1 cuillère à soupe de farine de maïs (amidon de maïs)
45 ml/3 cuillères à soupe d'eau

Égoutter et hacher l'ormeau en réservant le jus. Faites chauffer l'huile et faites frire le poulet jusqu'à ce qu'il soit légèrement doré. Ajoutez les ormeaux et les pousses de bambou et faites revenir 1 minute. Ajouter le liquide d'ormeau, le bouillon, le vin ou le xérès, le sucre et le sel, porter à ébullition et cuire 2 minutes. Mélangez la semoule de maïs et l'eau pour obtenir une pâte et faites cuire en remuant jusqu'à ce que la sauce soit claire et épaissie. Servir immédiatement.

Ormeau aux asperges

Prestations 4

10 champignons chinois séchés

30 ml/2 cuillères à soupe d'huile d'arachide

15 ml/1 cuillère à soupe d'eau

225 g d'asperges

2,5 ml/¬Ω cuillerée de sauce de poisson

15 ml/1 cuillère à soupe de farine de maïs (amidon de maïs)

225 g/8 oz d'ormeau en conserve, tranché

60 ml/4 cuillères à soupe de bouillon

¬Ω petite carotte, tranchée

5 ml/1 cuillère à soupe de sauce soja

5 ml/1 cuillère à soupe de sauce aux huîtres

5 ml/1 cuillère à soupe de vin de riz ou de xérès sec

Faites tremper les champignons dans l'eau tiède pendant 30 minutes, puis égouttez-les. Jetez les tiges. Faites chauffer 15 ml/1 cuillère à soupe d'huile avec de l'eau et faites revenir les chapeaux de champignons pendant 10 minutes. Pendant ce temps, faites cuire les asperges dans l'eau bouillante avec la sauce de poisson et 5 ml/1 cuillère à soupe de maïzena jusqu'à ce qu'elles soient tendres. Bien égoutter et déposer sur une assiette chaude avec les champignons. Garder au chaud. Faites chauffer le reste de l'huile et faites revenir les ormeaux pendant quelques secondes, puis ajoutez le bouillon, la carotte, la sauce soja, la sauce aux huîtres, le vin ou le xérès et le reste de la semoule de maïs. Cuire environ 5 minutes jusqu'à ce que ce soit bien cuit, puis verser sur les asperges et servir.

Ormeau aux champignons

Prestations 4

6 champignons chinois séchés
400 g d'ormeau en conserve
45 ml/3 cuillères à soupe d'huile d'arachide
2,5 ml/¬Ω cuillère à café de sel
15 ml/1 cuillère à soupe de vin de riz ou de xérès sec
3 oignons nouveaux (oignons verts), tranchés épaissement

Faites tremper les champignons dans l'eau tiède pendant 30 minutes, puis égouttez-les. Jetez les tiges et coupez les chapeaux. Égoutter et hacher l'ormeau en réservant le jus. Faites chauffer l'huile et faites revenir le sel et les champignons pendant 2 minutes. Ajouter le liquide d'ormeau et le sherry, porter à ébullition, couvrir et cuire 3 minutes. Ajouter l'ormeau et l'oignon et cuire jusqu'à ce qu'ils soient bien chauds. Servir aussitôt.

Ormeau à la sauce d'huître

Prestations 4

400 g d'ormeau en conserve
15 ml/1 cuillère à soupe de farine de maïs (amidon de maïs)
15 ml/1 cuillère à soupe de sauce soja
45 ml/3 cuillères à soupe de sauce aux huîtres
30 ml/2 cuillères à soupe d'huile d'arachide
50 g de jambon fumé, émincé

Égoutter la boîte d'ormeau et réserver 90 ml/6 cuillères à soupe de liquide. Mélangez-le avec de la semoule de maïs, de la sauce soja et de la sauce aux huîtres. Faites chauffer l'huile et faites revenir les ormeaux égouttés pendant 1 minute. Incorporer le mélange de sauce et cuire, en remuant, jusqu'à ce que le tout soit bien chaud, environ 1 minute. Disposer sur une assiette chaude et servir garni de jambon.

Palourdes cuites à la vapeur

Prestations 4

24 palourdes

Lavez bien les palourdes, puis faites-les tremper dans de l'eau salée pendant quelques heures. Rincer sous l'eau courante et déposer dans un plat peu profond allant au four. Placer sur un plateau vapeur, couvrir et laisser mijoter sur l'eau pendant environ 10 minutes jusqu'à ce que toutes les palourdes s'ouvrent. Jetez ce qui reste fermé. Servir avec des trempettes.

Palourdes aux germes de soja

Prestations 4

24 palourdes
15 ml/1 cuillère à soupe d'huile d'arachide
150 g de germes de soja
1 poivron vert, coupé en lanières
2 oignons (oignons verts), hachés
15 ml/1 cuillère à soupe de vin de riz ou de xérès sec
sel et poivre fraîchement moulu
2,5 ml/¬Ω cuillère d'huile de sésame
50 g de jambon fumé, haché

Lavez bien les palourdes, puis faites-les tremper dans de l'eau salée pendant quelques heures. Rincer sous l'eau courante. Portez une casserole d'eau à ébullition, ajoutez les palourdes et laissez mijoter quelques minutes jusqu'à ce qu'elles s'ouvrent. Égouttez et jetez ce qui reste fermé. Retirez les palourdes des coquilles.

Faites chauffer l'huile et faites revenir les germes de soja pendant 1 minute. Ajouter le poivron et l'oignon et faire revenir 2 minutes. Ajoutez du vin ou du xérès et assaisonnez de sel et de poivre. Une fois chaud, incorporez les palourdes et mélangez bien jusqu'à ce qu'elles soient bien chaudes. Placer sur une assiette chaude et servir arrosé d'huile de sésame et de jambon.

Palourdes au gingembre et à l'ail

Prestations 4

24 palourdes

15 ml/1 cuillère à soupe d'huile d'arachide

2 tranches de racine de gingembre, hachées

2 gousses d'ail, hachées

15 ml/1 cuillère à soupe d'eau

5 ml/1 cuillère à soupe d'huile de sésame

sel et poivre fraîchement moulu

Lavez bien les palourdes, puis faites-les tremper dans de l'eau salée pendant quelques heures. Rincer sous l'eau courante. Faites chauffer l'huile et faites revenir le gingembre et l'ail pendant 30 secondes. Ajouter les palourdes, l'eau et l'huile de sésame, couvrir et cuire environ 5 minutes jusqu'à ce que les palourdes s'ouvrent. Jetez ce qui reste fermé. Assaisonnez avec un peu de sel et de poivre et servez aussitôt.

Palourdes frites

Prestations 4

24 palourdes

60 ml/4 cuillères à soupe d'huile d'arachide

4 gousses d'ail, émincées

1 oignon, émincé

2,5 ml/¬Ω cuillère à café de sel

Lavez bien les palourdes, puis faites-les tremper dans de l'eau salée pendant quelques heures. Rincer sous l'eau et sécher. Faites chauffer l'huile et faites revenir l'ail, l'oignon et le sel jusqu'à ce qu'ils soient tendres. Ajouter les palourdes, couvrir et laisser mijoter environ 5 minutes jusqu'à ce que toutes les coquilles s'ouvrent. Jetez ce qui reste fermé. Faire frire doucement pendant encore une minute en arrosant d'huile.

Beignets de crabe

Prestations 4

225 g/8 oz de germes de soja
60 ml/4 cuillères à soupe d'huile d'arachide 100 g/4 oz de pousses de bambou coupées en lanières
1 oignon, haché
225 g/8 oz de chair de crabe, émiettée
4 œufs légèrement battus
15 ml/1 cuillère à soupe de farine de maïs (amidon de maïs)
30 ml/2 cuillères à soupe de sauce soja
sel et poivre fraîchement moulu

Blanchir les germes de soja dans l'eau bouillante pendant 4 minutes, puis égoutter. Faites chauffer la moitié de l'huile et faites revenir les germes de soja, les pousses de bambou et l'oignon jusqu'à ce qu'ils soient tendres. Retirer du feu et incorporer le reste des ingrédients, sauf l'huile. Faites chauffer le reste de l'huile dans une poêle propre et faites revenir le mélange de chair de crabe par petites cuillerées. Faire frire jusqu'à ce qu'ils soient légèrement dorés des deux côtés et servir en même temps.

Crabe indigène

Prestations 4

225 g de chair de crabe

5 œufs battus

1 oignon finement haché

250 ml/8 fl oz/1 tasse d'eau

5 ml/1 cuillère à café de sel

5 ml/1 cuillère à soupe d'huile de sésame

Mélangez bien tous les ingrédients. Placer dans un bol, couvrir et placer au dessus d'un bain-marie au-dessus de l'eau chaude ou sur un gril à vapeur. Cuire à la vapeur pendant environ 35 minutes jusqu'à obtention d'une consistance de crème anglaise, en remuant de temps en temps. Servir avec du riz.

Chair de crabe aux feuilles chinoises

Prestations 4

450 g/1 lb de feuilles chinoises, déchiquetées
45 ml/3 cuillères à soupe d'huile végétale
2 oignons (oignons verts), hachés
225 g de chair de crabe
15 ml/1 cuillère à soupe de sauce soja
15 ml/1 cuillère à soupe de vin de riz ou de xérès sec
5 ml/1 cuillère à café de sel

Blanchir les feuilles de chinois dans l'eau bouillante pendant 2 minutes, puis bien les égoutter et les rincer à l'eau froide. Faites chauffer l'huile et faites revenir l'oignon jusqu'à ce qu'il brunisse légèrement. Ajoutez la chair de crabe et faites revenir 2 minutes. Ajouter les feuilles de chinois et faire revenir 4 minutes. Ajouter la sauce soja, le vin ou le xérès et le sel et bien mélanger. Ajouter le bouillon et la semoule de maïs, porter à ébullition et laisser mijoter en remuant pendant 2 minutes, jusqu'à ce que la sauce soit claire et épaissie.

Crabe Foo Yung aux germes de soja

Prestations 4

6 œufs battus

45 ml/3 cuillères à soupe de farine de maïs (amidon de maïs)

225 g de chair de crabe

100 g/4 oz de germes de soja

2 oignons (oignons verts), finement hachés

2,5 ml/¬Ω cuillère à café de sel

45 ml/3 cuillères à soupe d'huile d'arachide

Après avoir battu les œufs, incorporez la semoule de maïs. Mélangez le reste des ingrédients sauf l'huile. Faites chauffer l'huile et versez le mélange dans la poêle petit à petit pour faire des petites crêpes d'environ 7,5 cm. Faites frire jusqu'à ce que le fond soit doré, puis retournez et faites dorer l'autre côté.

Crabe au gingembre

Prestations 4

15 ml/1 cuillère à soupe d'huile d'arachide

2 tranches de racine de gingembre, hachées

4 oignons (oignons verts), hachés

3 gousses d'ail, émincées

1 piment rouge, haché

350 g/12 oz de chair de crabe, en flocons

2,5 ml/¬Ω cuillerée de pâte de poisson

2,5 ml/¬Ω cuillère d'huile de sésame

15 ml/1 cuillère à soupe de vin de riz ou de xérès sec

5 ml/1 cuillère à soupe de farine de maïs (amidon de maïs)

15 ml/1 cuillère à soupe d'eau

Faites chauffer l'huile et faites revenir le gingembre, l'oignon, l'ail et le piment pendant 2 minutes. Ajouter la chair de crabe et mélanger avec les épices jusqu'à ce qu'elle soit bien enrobée. Incorporer la pâte de poisson. Mélangez le reste des ingrédients pour obtenir une pâte, puis mélangez dans la poêle et faites frire pendant 1 minute. Servir immédiatement.

Lo Mein au crabe

Prestations 4

100 g/4 oz de germes de soja
30 ml/2 cuillères à soupe d'huile d'arachide
5 ml/1 cuillère à café de sel
1 oignon, tranché
100 g/4 oz de champignons, tranchés
225 g/8 oz de chair de crabe, émiettée
100 g de pousses de bambou, tranchées
Nouilles de loterie
30 ml/2 cuillères à soupe de sauce soja
5 ml/1 cuillère à soupe de sucre
5 ml/1 cuillère à soupe d'huile de sésame
sel et poivre fraîchement moulu

Blanchir les germes de soja dans l'eau bouillante pendant 5 minutes et égoutter. Faites chauffer l'huile et faites revenir le sel et l'oignon jusqu'à ce qu'ils soient tendres. Ajouter les champignons et faire revenir jusqu'à ce qu'ils soient tendres. Ajoutez la chair de crabe et faites revenir 2 minutes. Ajoutez les germes de soja et les pousses de bambou et faites revenir 1 minute. Ajoutez les nouilles égouttées dans la poêle et remuez doucement. Mélanger la sauce soja, le sucre et l'huile de sésame et assaisonner de sel et de poivre. Incorporer la poêle jusqu'à ce qu'elle soit bien chaude.

Crabe frit au porc

Prestations 4

30 ml/2 cuillères à soupe d'huile d'arachide
100 g de porc haché (longe).
350 g/12 oz de chair de crabe, en flocons
2 tranches de racine de gingembre, hachées
2 œufs légèrement battus
15 ml/1 cuillère à soupe de sauce soja
15 ml/1 cuillère à soupe de vin de riz ou de xérès sec
30 ml/2 cuillères à soupe d'eau
sel et poivre fraîchement moulu
4 oignons (oignons verts), coupés en lanières

Faites chauffer l'huile et faites frire le porc jusqu'à ce qu'il soit légèrement doré. Ajoutez la chair de crabe et le gingembre et faites revenir 1 minute. Battre les oeufs. Ajouter la sauce soja, le vin ou le xérès, l'eau, le sel et le poivre et laisser mijoter 4 minutes en remuant. Servir garni d'oignons nouveaux.

Chair de crabe sautée

Prestations 4

30 ml/2 cuillères à soupe d'huile d'arachide
450 g de chair de crabe, en flocons
2 oignons (oignons verts), émincés
2 tranches de racine de gingembre, hachées
30 ml/2 cuillères à soupe de sauce soja
30 ml/2 cuillères à soupe de vin de riz ou de xérès sec
2,5 ml/½ cuillère à café de sel
15 ml/1 cuillère à soupe de farine de maïs (amidon de maïs)
60 ml/4 cuillères à soupe d'eau

Faites chauffer l'huile et faites revenir la chair de crabe, l'oignon et le gingembre pendant 1 minute. Ajoutez la sauce soja, le vin ou le xérès et le sel, couvrez et faites bouillir pendant 3 minutes. Mélangez la semoule de maïs et l'eau pour obtenir une pâte, versez dans la casserole et faites chauffer en remuant jusqu'à ce que la sauce soit claire et épaissie.

Boulettes de calamars frits

Prestations 4

450 g de seiche
50 g/2 oz de saindoux, en purée
1 blanc d'oeuf
2,5 ml/¬Ω cuillère de sucre
2,5 ml/¬Ω cuillère de farine de maïs (amidon de maïs)
sel et poivre fraîchement moulu
huile de friture

Coupez la seiche et broyez-la ou réduisez-la en purée pour obtenir une pulpe. Mélanger le saindoux, le blanc d'œuf, le sucre et la semoule de maïs et assaisonner de sel et de poivre. Pressez le mélange en petites boules. Faites chauffer l'huile et faites frire les boulettes de seiche, par lots si nécessaire, jusqu'à ce qu'elles flottent à la surface de l'huile et deviennent dorées. Bien égoutter et servir immédiatement.

Homard en cantonais

Prestations 4

2 homards
30 ml/2 cuillères à soupe d'huile
15 ml/1 cuillère à soupe de sauce aux haricots noirs
1 gousse d'ail, écrasée
1 oignon, haché
225 g/8 oz de porc haché (longe).
45 ml/3 cuillères à soupe de sauce soja
5 ml/1 cuillère à soupe de sucre
sel et poivre fraîchement moulu
15 ml/1 cuillère à soupe de farine de maïs (amidon de maïs)
75 ml/5 cuillères à soupe d'eau
1 œuf battu

Cassez les homards, retirez la chair et coupez-la en cubes de 2,5 cm/1. Faites chauffer l'huile et faites frire les haricots noirs jusqu'à ce que la sauce, l'ail et l'oignon soient légers. Ajouter le porc et faire revenir jusqu'à ce qu'il soit doré. Ajouter la sauce soja, le sucre, le sel, le poivre et le homard, couvrir et laisser mijoter 10 minutes. Mélangez la semoule de maïs et l'eau pour obtenir une pâte, incorporez-la dans la poêle et faites chauffer en remuant jusqu'à ce que la sauce soit claire et épaissie. Éteignez le feu et fouettez l'œuf avant de servir.

Homard Frit

Prestations 4

450 g de chair de homard
30 ml/2 cuillères à soupe de sauce soja
5 ml/1 cuillère à soupe de sucre
1 œuf battu
30 ml/3 cuillères à soupe de farine nature (tout usage).
huile de friture

Coupez la chair de homard en cubes de 2,5 cm/1 et mélangez-la avec la sauce soja et le sucre. Laisser reposer 15 minutes puis égoutter. Après avoir fouetté l'œuf et la farine, ajoutez le homard et mélangez bien pour l'enrober. Faites chauffer l'huile et faites frire le homard jusqu'à ce qu'il soit doré. Égoutter sur du papier absorbant avant de servir.

Homard cuit à la vapeur avec du jambon

Prestations 4

4 œufs légèrement battus
60 ml/4 cuillères à soupe d'eau
5 ml/1 cuillère à café de sel
15 ml/1 cuillère à soupe de sauce soja
450 g de chair de homard, en flocons
15 ml/1 cuillère à soupe de jambon fumé haché
15 ml/1 cuillère à soupe de persil frais haché

Battez les œufs avec l'eau, le sel et la sauce soja. Verser dans un plat allant au four et parsemer de chair de homard. Placez le bol sur un plateau vapeur, couvrez et faites cuire à la vapeur pendant 20 minutes jusqu'à ce que les œufs soient pris. Servir garni de jambon et de persil.

Homard aux Champignons

Prestations 4

450 g de chair de homard
15 ml/1 cuillère à soupe de farine de maïs (amidon de maïs)
60 ml/4 cuillères à soupe d'eau
30 ml/2 cuillères à soupe d'huile d'arachide
4 oignons (oignons verts), coupés en tranches épaisses
100 g/4 oz de champignons, tranchés
2,5 ml/¬Ω cuillère à café de sel
1 gousse d'ail, écrasée
30 ml/2 cuillères à soupe de sauce soja
15 ml/1 cuillère à soupe de vin de riz ou de xérès sec

Coupez la chair du homard en cubes de 2,5 cm/1. Mélangez la semoule de maïs et l'eau pour obtenir une pâte et mélangez les cubes de homard dans le mélange pour les enrober. Faites chauffer la moitié de l'huile et faites revenir les cubes de homard jusqu'à ce qu'ils soient dorés. Retirez-les de la poêle. Faites chauffer le reste de l'huile et faites revenir l'oignon jusqu'à ce qu'il soit légèrement doré. Ajoutez les champignons et faites revenir 3 minutes. Ajoutez le sel, l'ail, la sauce soja et le vin ou le xérès et faites frire pendant 2 minutes. Remettez le homard dans la poêle et faites-le revenir jusqu'à ce qu'il soit bien chaud.

Queues de homard au porc

Prestations 4

3 champignons chinois séchés
4 queues de homard
60 ml/4 cuillères à soupe d'huile d'arachide
100 g de porc haché (longe).
50 g de châtaignes d'eau finement hachées
sel et poivre fraîchement moulu
2 gousses d'ail, hachées
45 ml/3 cuillères à soupe de sauce soja
30 ml/2 cuillères à soupe de vin de riz ou de xérès sec
30 ml/2 cuillères à soupe de sauce aux haricots noirs
10 ml/2 cuillères à soupe de farine de maïs (amidon de maïs)
120 ml/4 fl oz/¬Ω tasse d'eau

Faites tremper les champignons dans l'eau tiède pendant 30 minutes, puis égouttez-les. Jetez les tiges et coupez les chapeaux. Coupez les queues de homard en deux dans le sens de la longueur. Retirez la chair des queues de homard en réservant les carapaces. Faites chauffer la moitié de l'huile et faites frire le porc jusqu'à ce qu'il soit légèrement doré. Retirer du feu et incorporer les champignons, la chair de homard, les châtaignes d'eau, le sel et le poivre. Remettez la viande dans les carapaces de homard et placez-la dans un plat allant au four. Placer sur un plateau vapeur, couvrir et cuire à la vapeur pendant environ 20 minutes jusqu'à ce qu'il soit cuit. Pendant ce temps, faites chauffer le reste de l'huile et faites revenir l'ail, la sauce soja, le vin ou le xérès et la sauce aux haricots noirs pendant 2 minutes. Mélangez la semoule de maïs et l'eau pour obtenir une pâte, mélangez dans la poêle et faites chauffer en remuant jusqu'à ce que la sauce épaississe. Disposez le homard dans une assiette chaude, versez dessus la sauce et servez aussitôt.

Homard frit

Prestations 4

450 g de queue de homard
30 ml/2 cuillères à soupe d'huile d'arachide
1 gousse d'ail, écrasée
2,5 ml/¬Ω cuillère à café de sel

350 g/12 oz de germes de soja
50 g de champignons
4 oignons (oignons verts), coupés en tranches épaisses
150 ml/¬° pt/poignée ¬Ω tasse de bouillon de poulet
15 ml/1 cuillère à soupe de farine de maïs (amidon de maïs)

Portez une casserole d'eau à ébullition, ajoutez les queues de homard et faites bouillir 1 minute, égouttez, laissez refroidir, retirez la carapace et coupez-les en tranches épaisses. Faites chauffer l'huile avec l'ail et le sel et faites revenir l'ail jusqu'à ce qu'il brunisse légèrement. Ajoutez le homard et faites revenir 1 minute. Ajoutez les germes de soja et les champignons et faites revenir 1 minute. Incorporer les oignons nouveaux. Ajouter la majeure partie du bouillon, porter à ébullition, couvrir et laisser mijoter 3 minutes. Mélangez la semoule de maïs avec le reste du bouillon, incorporez dans la poêle et faites chauffer en remuant jusqu'à ce que la sauce soit claire et épaissie.

Nids de homard

Prestations 4

30 ml/2 cuillères à soupe d'huile d'arachide
5 ml/1 cuillère à café de sel
1 oignon, tranché finement
100 g/4 oz de champignons, tranchés
100 g de pousses de bambou, tranchées 225 g de chair de homard cuite
15 ml/1 cuillère à soupe de vin de riz ou de xérès sec
120 ml/4 fl oz/¬Ω tasse de bouillon de poulet
un peu de poivre fraîchement moulu
10 ml/2 cuillères à soupe de farine de maïs (amidon de maïs)
15 ml/1 cuillère à soupe d'eau
4 paniers de nouilles

Faites chauffer l'huile et faites revenir le sel et l'oignon jusqu'à ce qu'ils soient tendres. Ajoutez les champignons et les pousses de bambou et faites revenir 2 minutes. Ajouter la chair de homard, le vin ou le sherry et le bouillon, porter à ébullition, couvrir et laisser mijoter 2 minutes. Assaisonner de poivre. Mélangez la semoule de maïs et l'eau pour obtenir une pâte, versez dans la casserole et faites chauffer en remuant jusqu'à ce que la sauce épaississe. Placez les nids de nouilles sur une assiette chauffée et faites revenir le homard dessus.

Moules à la sauce aux haricots noirs

Prestations 4

45 ml/3 cuillères à soupe d'huile d'arachide
2 gousses d'ail, hachées
2 tranches de racine de gingembre, hachées
30 ml/2 cuillères à soupe de sauce aux haricots noirs
15 ml/1 cuillère à soupe de sauce soja
1,5 kg/3 lb de moules, nettoyées et rasées
2 oignons (oignons verts), hachés

Faites chauffer l'huile et faites revenir l'ail et le gingembre pendant 30 secondes. Ajoutez les haricots noirs et la sauce soja et faites revenir 10 secondes. Ajouter les moules, couvrir et cuire environ 6 minutes jusqu'à ce que les moules s'ouvrent. Jetez ce qui reste fermé. Transférer dans une assiette chaude et servir parsemé d'oignons nouveaux.

Moules au gingembre

Prestations 4

45 ml/3 cuillères à soupe d'huile d'arachide
2 gousses d'ail, hachées
4 tranches de racine de gingembre, hachées
1,5 kg/3 lb de moules, nettoyées et rasées
45 ml/3 cuillères à soupe d'eau
15 ml/1 cuillère à soupe de sauce aux huîtres

Faites chauffer l'huile et faites revenir l'ail et le gingembre pendant 30 secondes. Ajouter les moules et l'eau, couvrir et cuire environ 6 minutes jusqu'à ce que les moules s'ouvrent. Jetez ce qui reste fermé. Transférer dans une assiette chaude et servir arrosé de sauce aux huîtres.

Moules vapeur

Prestations 4

1,5 kg/3 lb de moules, nettoyées et rasées
45 ml/3 cuillères à soupe de sauce soja
3 oignons nouveaux (oignons verts), finement hachés

Placez les moules sur un plateau vapeur, couvrez et faites cuire à la vapeur sur de l'eau bouillante pendant environ 10 minutes, jusqu'à ce que toutes les moules soient ouvertes. Jetez ce qui reste fermé. Placer sur une assiette chaude et servir saupoudré de sauce soja et d'oignons nouveaux.

huîtres frites

Prestations 4

24 huîtres décortiquées
sel et poivre fraîchement moulu
1 œuf battu
50 g/2 oz/¬Ω tasse de farine nature (tout usage)
250 ml/8 fl oz/1 tasse d'eau
huile de friture
4 oignons (oignons verts), hachés

Saupoudrer les huîtres de sel et de poivre. Fouetter l'œuf avec la farine et l'eau et utiliser pour enrober les huîtres. Faites chauffer l'huile et faites frire les huîtres jusqu'à ce qu'elles soient dorées. Égoutter sur du papier absorbant et servir garni d'oignons nouveaux.

Huîtres au bacon

Prestations 4

175 g de bacon
24 huîtres décortiquées
1 œuf légèrement battu
15 ml/1 cuillère à soupe d'eau
45 ml/3 cuillères à soupe d'huile d'arachide
2 oignons, hachés
15 ml/1 cuillère à soupe de farine de maïs (amidon de maïs)
15 ml/1 cuillère à soupe de sauce soja
90 ml/6 cuillères à soupe de bouillon de poulet

Coupez le bacon en morceaux et enroulez un morceau autour de chaque huître. Après avoir battu l'œuf avec de l'eau, ajoutez-le aux huîtres pour bien les enrober. Faites chauffer la moitié de l'huile et faites frire les huîtres jusqu'à ce qu'elles soient légèrement dorées des deux côtés, puis retirez-les de la poêle et égouttez la graisse. Faites chauffer le reste de l'huile et faites revenir l'oignon jusqu'à ce qu'il soit tendre. Mélangez la semoule de maïs, la sauce soja et le bouillon pour obtenir une pâte, versez dans la poêle et faites chauffer en remuant jusqu'à ce que la sauce soit claire et épaissie. Versez sur les huîtres et servez aussitôt.

Huîtres frites au gingembre

Prestations 4

24 huîtres décortiquées
2 tranches de racine de gingembre, hachées
30 ml/2 cuillères à soupe de sauce soja
15 ml/1 cuillère à soupe de vin de riz ou de xérès sec
4 oignons (oignons verts), coupés en lanières
100 g de bacon
1 oeuf
50 g/2 oz/¬Ω tasse de farine nature (tout usage)
sel et poivre fraîchement moulu
huile de friture
1 citron, coupé en quartiers

Placez les huîtres dans un bol avec le gingembre, la sauce soja et le vin ou le xérès et mélangez pour bien les enrober. Laisser poser 30 minutes. Placez quelques lanières de ciboule sur chaque huître. Coupez le bacon en morceaux et enroulez un morceau autour de chaque huître. Battre l'œuf et la farine avec l'œuf et assaisonner de sel et de poivre. Trempez les huîtres dans l'œuf jusqu'à ce qu'elles soient bien enrobées. Faites chauffer l'huile et faites frire les huîtres jusqu'à ce qu'elles soient dorées. Servir garni de quartiers de citron.

Huîtres à la sauce aux haricots noirs

Prestations 4

Coquilles de 350 g/12 oz
120 ml/4 fl oz/¬Ω tasse d'huile d'arachide (cacahuète)
2 gousses d'ail, hachées
3 oignons (oignons verts), tranchés
15 ml/1 cuillère à soupe de sauce aux haricots noirs
30 ml/2 cuillères à soupe de sauce soja noire
15 ml/1 cuillère à soupe d'huile de sésame
un peu de poudre de chili

Blanchir les huîtres dans l'eau bouillante pendant 30 secondes puis égoutter. Faites chauffer l'huile et faites revenir l'ail et l'oignon pendant 30 secondes. Ajouter les haricots noirs, la sauce soja, l'huile de sésame et les huîtres et assaisonner avec de la poudre de chili au goût. Faire frire jusqu'à ce qu'il soit chaud et servir immédiatement.

Coquilles Saint-Jacques aux Pousses de Bambou

Prestations 4

60 ml/4 cuillères à soupe d'huile d'arachide
6 oignons (oignons verts), hachés
225 g/8 oz de champignons, coupés en quartiers
15 ml/1 cuillère à soupe de sucre
450 g de pétoncles en coquille
2 tranches de racine de gingembre, hachées
225 g de pousses de bambou, tranchées
sel et poivre fraîchement moulu
300 ml/¬Ω pt/1 ¬° verre d'eau
30 ml/2 cuillères à soupe de vinaigre de vin
30 ml/2 cuillères à soupe de farine de maïs (amidon de maïs)
150 ml/¬° pt/poignée ¬Ω tasse d'eau
45 ml/3 cuillères à soupe de sauce soja

Faites chauffer l'huile et faites revenir l'oignon et les champignons pendant 2 minutes. Ajouter le sucre, les pétoncles, le gingembre, les pousses de bambou, le sel et le poivre, couvrir et cuire 5 minutes. Ajoutez l'eau et le vinaigre de vin, portez à ébullition, couvrez et laissez mijoter 5 minutes. Mélangez la semoule de maïs et l'eau pour obtenir une pâte, versez dans la casserole et faites chauffer en remuant jusqu'à ce que la sauce épaississe. Assaisonner de sauce soja et servir.

Pétoncle à l'Oeuf

Prestations 4

45 ml/3 cuillères à soupe d'huile d'arachide
350 g de pétoncles en coquille
25 g/1 oz de jambon fumé, haché
30 ml/2 cuillères à soupe de vin de riz ou de xérès sec
5 ml/1 cuillère à soupe de sucre
2,5 ml/¬Ω cuillère à café de sel
un peu de poivre fraîchement moulu
2 œufs légèrement battus
15 ml/1 cuillère à soupe de sauce soja

Faites chauffer l'huile et faites revenir les pétoncles pendant 30 secondes. Ajoutez le jambon et faites revenir 1 minute. Ajoutez le vin ou le xérès, le sucre, le sel et le poivre et faites revenir 1 minute. Ajoutez les œufs et remuez doucement à feu vif jusqu'à ce que les ingrédients soient bien enrobés d'œuf. Servir arrosé de sauce soja.

Pétoncles au Brocoli

Prestations 4

350 g de pétoncles, tranchés
3 tranches de racine de gingembre, hachées
¬Ω petite carotte, tranchée
1 gousse d'ail, écrasée
45 ml/3 cuillères à soupe de farine nature (tout usage).
2,5 ml/¬Ω cuillère à café de bicarbonate (bicarbonate de soude)
30 ml/2 cuillères à soupe d'huile d'arachide
15 ml/1 cuillère à soupe d'eau
1 banane, tranchée
huile de friture
275 g/10 oz de brocoli
sel
5 ml/1 cuillère à soupe d'huile de sésame

2,5 ml/¬Ω cuillère de sauce chili

2,5 ml/¬Ω cuillerée de vinaigre de vin

2,5 ml/¬Ω cuillère à café de purée de tomates (pâte)

Mélanger les Saint-Jacques avec le gingembre, la carotte et l'ail et laisser reposer. Mélangez la farine, le bicarbonate de soude, 15 ml/1 cuillère à soupe d'huile et l'eau pour obtenir une pâte et utilisez-la pour enrober les tranches de banane. Faites chauffer l'huile et faites frire la banane jusqu'à ce qu'elle soit dorée, puis égouttez-la et placez-la autour d'une assiette chauffée. Pendant ce temps, faites cuire le brocoli dans de l'eau bouillante salée jusqu'à ce qu'il soit tendre, puis égouttez-le. Faites chauffer le reste de l'huile avec l'huile de sésame et faites revenir brièvement les brocolis, puis disposez-les autour de l'assiette avec les bananes. Ajoutez la sauce chili, le vinaigre de vin et la purée de tomates dans la poêle et faites revenir les pétoncles jusqu'à ce qu'ils soient cuits. Verser sur une assiette de service et servir aussitôt.

Pétoncle au gingembre

Prestations 4

45 ml/3 cuillères à soupe d'huile d'arachide
2,5 ml/¬Ω cuillère à café de sel
3 tranches de racine de gingembre, hachées
2 oignons (oignons verts), coupés en tranches épaisses
450 g de pétoncles en coquille, coupés en deux
15 ml/1 cuillère à soupe de farine de maïs (amidon de maïs)
60 ml/4 cuillères à soupe d'eau

Faites chauffer l'huile et faites revenir le sel et le gingembre pendant 30 secondes. Ajouter les oignons nouveaux et faire revenir jusqu'à ce qu'ils soient légèrement dorés. Ajouter les pétoncles et faire revenir 3 minutes. Mélangez la semoule de maïs et l'eau pour obtenir une pâte, ajoutez-la à la poêle et faites chauffer en remuant jusqu'à épaississement. Servir immédiatement.

Coquilles Saint-Jacques au Jambon

Prestations 4

450 g de pétoncles en coquille, coupés en deux
250 ml/8 fl oz/1 tasse de vin de riz ou de xérès sec
1 oignon, finement haché
2 tranches de racine de gingembre, hachées
2,5 ml/¬Ω cuillère à café de sel
100 g de jambon fumé, haché

Placez les pétoncles dans un bol et ajoutez le vin ou le xérès. Couvrir et laisser mariner 30 minutes en les retournant de temps en temps, puis égoutter les Saint-Jacques et jeter la marinade. Disposez les pétoncles dans un plat allant au four avec le reste des ingrédients. Placer le plat sur un plateau vapeur, couvrir et cuire à la vapeur sur de l'eau bouillante pendant environ 6 minutes jusqu'à ce que les pétoncles soient tendres.

Pétoncles Mélangés Aux Herbes

Prestations 4

225 g/8 oz de pétoncles en coquille
30 ml/2 cuillères à soupe de coriandre fraîche hachée
4 œufs, battus
15 ml/1 cuillère à soupe de vin de riz ou de xérès sec
sel et poivre fraîchement moulu
15 ml/1 cuillère à soupe d'huile d'arachide

Placer les pétoncles dans le cuiseur vapeur et cuire à la vapeur jusqu'à ce qu'ils soient bien cuits, environ 3 minutes, selon la taille. Retirer de la vapeur et saupoudrer de coriandre. Battez les œufs avec du vin ou du xérès et assaisonnez de sel et de poivre. Incorporer les pétoncles et la coriandre. Faites chauffer l'huile et faites frire le mélange d'œufs et de pétoncles, en remuant constamment, jusqu'à ce que les œufs soient pris. Sers immédiatement.

Sauté de pétoncles et d'oignons

Prestations 4

45 ml/3 cuillères à soupe d'huile d'arachide
1 oignon, tranché
450 g de pétoncles en coquille, coupés en quartiers
sel et poivre fraîchement moulu
15 ml/1 cuillère à soupe de vin de riz ou de xérès sec

Faites chauffer l'huile et faites revenir l'oignon jusqu'à ce qu'il soit tendre. Ajouter les pétoncles et faire revenir jusqu'à ce qu'ils soient légèrement dorés. Assaisonner de sel et de poivre, arroser de vin ou de xérès et servir immédiatement.

Pétoncles aux Légumes

Ça vaut 4-6

4 champignons chinois séchés
2 oignons
30 ml/2 cuillères à soupe d'huile d'arachide
3 branches de céleri, coupées en diagonale
225 g/8 oz de haricots rouges, coupés en deux en diagonale
10 ml/2 cuillères à soupe de racine de gingembre râpée
1 gousse d'ail, écrasée
20 ml/4 cuillères à soupe de farine de maïs (amidon de maïs)
250 ml/8 fl oz/1 tasse de bouillon de poulet
30 ml/2 cuillères à soupe de vin de riz ou de xérès sec
30 ml/2 cuillères à soupe de sauce soja

450 g de pétoncles en coquille, coupés en quartiers
6 oignons (oignons verts), tranchés
425 g/15 oz de flocons de maïs en conserve

Faites tremper les champignons dans l'eau tiède pendant 30 minutes, puis égouttez-les. Jetez les tiges et coupez les chapeaux. Coupez les oignons en morceaux et séparez les couches. Faites chauffer l'huile et faites revenir l'oignon, le céleri, les haricots, le gingembre et l'ail pendant 3 minutes. Mélangez la semoule de maïs avec un peu de bouillon, puis le reste du bouillon, du vin ou du xérès et de la sauce soja. Ajouter au wok et porter à ébullition en remuant. Ajouter les champignons, les pétoncles, les oignons nouveaux et le maïs et faire revenir environ 5 minutes, jusqu'à ce que les pétoncles soient tendres.

Coquilles Saint-Jacques aux poivrons

Prestations 4

30 ml/2 cuillères à soupe d'huile d'arachide
3 oignons (oignons verts), hachés

1 gousse d'ail, écrasée

2 tranches de racine de gingembre, hachées

2 poivrons rouges, tranchés

450 g de pétoncles en coquille

30 ml/2 cuillères à soupe de vin de riz ou de xérès sec

15 ml/1 cuillère à soupe de sauce soja

15 ml/1 cuillère à soupe de sauce aux haricots jaunes

5 ml/1 cuillère à soupe de sucre

5 ml/1 cuillère à soupe d'huile de sésame

Faites chauffer l'huile et faites revenir l'oignon, l'ail et le gingembre pendant 30 secondes. Ajoutez les poivrons et faites revenir 1 minute. Ajouter les pétoncles et faire revenir 30 secondes, puis ajouter le reste des ingrédients et cuire environ 3 minutes, jusqu'à ce que les pétoncles soient tendres.

Calmar aux germes de soja

Prestations 4

450 g de calamar

30 ml/2 cuillères à soupe d'huile d'arachide
15 ml/1 cuillère à soupe de vin de riz ou de xérès sec
100 g/4 oz de germes de soja
15 ml/1 cuillère à soupe de sauce soja
sel
1 piment rouge, écrasé
2 tranches de racine de gingembre, râpées
2 oignons (oignons verts), râpés

Retirez la tête, les boyaux et la membrane du calmar et coupez-le en gros morceaux. Découpez un motif entrecroisé sur chaque pièce. Portez une casserole d'eau à ébullition, ajoutez les calamars et laissez mijoter jusqu'à ce que les morceaux soient rapprochés, puis retirez-les et égouttez-les. Faites chauffer la moitié de l'huile et faites revenir rapidement les calamars. Arrosez de vin ou de xérès. Pendant ce temps, faites chauffer le reste de l'huile et faites frire les germes de soja jusqu'à ce qu'ils soient tendres. Assaisonner avec de la sauce soja et du sel. Disposez le piment, le gingembre et l'oignon autour d'une assiette. Empilez les germes de soja au milieu et placez les calamars. Servir immédiatement.

Calamar frit

Prestations 4

50 g de farine nature (tout usage).
25 g/1 oz/¬° tasse de semoule de maïs (amidon de maïs)
2,5 ml/¬Ω cuillère à café de levure chimique
2,5 ml/¬Ω cuillère à café de sel
1 oeuf
75 ml/5 cuillères à soupe d'eau
15 ml/1 cuillère à soupe d'huile d'arachide
450 g de calamar, coupé en rondelles
huile de friture

Mélangez la farine, la semoule de maïs, la levure chimique, le sel, l'œuf, l'eau et l'huile pour obtenir une pâte. Trempez les calamars dans la pâte jusqu'à ce qu'ils soient bien enrobés. Faites chauffer l'huile et faites frire les calamars quelques morceaux à la fois jusqu'à ce qu'ils soient dorés. Égoutter sur du papier absorbant avant de servir.

Colis de calamars

Prestations 4

8 champignons chinois séchés
450 g de calamar
100 g de jambon fumé
100 g de tofu
1 œuf battu
15 ml/1 cuillère à soupe de farine nature (tout usage).
2,5 ml/¬Ω cuillère de sucre
2,5 ml/¬Ω cuillère d'huile de sésame
sel et poivre fraîchement moulu
8 peaux de wonton
huile de friture

Faites tremper les champignons dans l'eau tiède pendant 30 minutes, puis égouttez-les. Jetez les tiges. Coupez les calamars en 8 morceaux. Coupez le jambon et le tofu en 8 morceaux. Mettez-les tous dans un bol. Mélanger la farine d'œuf, le sucre, l'huile de sésame, le sel et le poivre. Versez les ingrédients dans le bol et mélangez délicatement. Placez un chapeau de champignon et un morceau de calamar, de jambon et de tofu au milieu de chaque peau de wonton. Pliez le coin inférieur, repliez les côtés puis enroulez-le en humidifiant les bords avec de l'eau pour sceller. Faites chauffer l'huile et faites frire les parcelles pendant environ 8 minutes jusqu'à ce qu'elles soient dorées. Bien égoutter avant de servir.

Calamar frit

Prestations 4

45 ml/3 cuillères à soupe d'huile d'arachide
225 g de rondelles de calamar
1 gros poivron vert, coupé en morceaux
100 g de pousses de bambou, tranchées
2 oignons (oignons verts), finement hachés
1 tranche de racine de gingembre, hachée finement
45 ml/2 cuillères à soupe de sauce soja
30 ml/2 cuillères à soupe de vin de riz ou de xérès sec

15 ml/1 cuillère à soupe de farine de maïs (amidon de maïs)
15 ml/1 cuillère à soupe de bouillon de poisson ou d'eau
5 ml/1 cuillère à soupe de sucre
5 ml/1 cuillère à soupe de vinaigre de vin
5 ml/1 cuillère à soupe d'huile de sésame
sel et poivre fraîchement moulu

Faites chauffer 15 ml/1 cuillère à soupe d'huile et faites frire les rondelles de calamar jusqu'à ce qu'elles se ferment rapidement. Pendant ce temps, faites chauffer le reste de l'huile dans une autre poêle et faites revenir le poivron, les pousses de bambou, l'oignon et le gingembre pendant 2 minutes. Ajouter les calamars et faire revenir 1 minute. Mélangez la sauce soja, le vin ou le xérès, la semoule de maïs, le bouillon, le sucre, le vinaigre de vin et l'huile de sésame et assaisonnez de sel et de poivre. Faire frire jusqu'à ce que la sauce soit claire et épaissie.

Faire frire les calamars

Prestations 4

45 ml/3 cuillères à soupe d'huile d'arachide
3 oignons nouveaux (oignons verts), tranchés épaissement
2 tranches de racine de gingembre, hachées
450 g de calamar, coupé en morceaux
15 ml/1 cuillère à soupe de sauce soja
15 ml/1 cuillère à soupe de vin de riz ou de xérès sec
5 ml/1 cuillère à soupe de farine de maïs (amidon de maïs)
15 ml/1 cuillère à soupe d'eau

Faites chauffer l'huile et faites revenir l'oignon et le gingembre jusqu'à ce qu'ils soient tendres. Ajouter les calamars et faire revenir jusqu'à ce qu'ils soient recouverts d'huile. Ajouter la sauce soja et le vin ou le xérès, couvrir et cuire 2 minutes. Mélangez la semoule de maïs et l'eau pour obtenir une pâte, ajoutez-la à la poêle et faites cuire en remuant jusqu'à ce que la sauce épaississe et que les calamars soient tendres.

Calamars aux champignons séchés

Prestations 4

50 g/2 oz de champignons chinois séchés
450 g de rondelles de calamar
45 ml/3 cuillères à soupe d'huile d'arachide
45 ml/3 cuillères à soupe de sauce soja
2 oignons (oignons verts), finement hachés

1 tranche de racine de gingembre, hachée
225 g de pousses de bambou, coupées en lanières
30 ml/2 cuillères à soupe de farine de maïs (amidon de maïs)
150 ml/¬° pt/poignée ¬Ω tasse de bouillon de poisson

Faites tremper les champignons dans l'eau tiède pendant 30 minutes, puis égouttez-les. Jetez les tiges et coupez les chapeaux. Blanchir les rondelles de calamar quelques secondes dans l'eau bouillante. Faites chauffer l'huile, puis ajoutez les champignons, la sauce soja, l'oignon nouveau et le gingembre et faites revenir 2 minutes. Ajoutez les calamars et les pousses de bambou et faites revenir 2 minutes. Mélangez la semoule de maïs et le bouillon et remuez dans la poêle. Cuire en remuant jusqu'à ce que la sauce soit claire et épaissie.

Calamars aux légumes

Prestations 4
45 ml/3 cuillères à soupe d'huile d'arachide
1 oignon, tranché
5 ml/1 cuillère à café de sel
450 g de calamar, coupé en morceaux

100 g de pousses de bambou, tranchées

2 branches de céleri, coupées en diagonale

60 ml/4 cuillères à soupe de bouillon de poulet

5 ml/1 cuillère à soupe de sucre

100 g de mangetout (pois mange-tout)

5 ml/ 1 cuillère à soupe de farine de maïs (amidon de maïs)

15 ml/1 cuillère à soupe d'eau

Faites chauffer l'huile et faites revenir l'oignon et un peu de sel jusqu'à ce qu'il soit doré. Ajouter les calamars et faire revenir jusqu'à ce qu'ils soient recouverts d'huile. Ajoutez les pousses de bambou et le céleri et faites revenir 3 minutes. Ajouter le bouillon et le sucre, porter à ébullition, couvrir et laisser mijoter 3 minutes jusqu'à ce que les légumes soient tendres. Battez le mange-tout. Mélangez la semoule de maïs et l'eau pour obtenir une pâte, versez dans la casserole et faites chauffer en remuant jusqu'à ce que la sauce épaississe.

Rôti de boeuf à l'anis

Prestations 4

30 ml/2 cuillères à soupe d'huile d'arachide

450 g de steak

1 gousse d'ail, écrasée

45 ml/3 cuillères à soupe de sauce soja

15 ml/1 cuillère à soupe d'eau
15 ml/1 cuillère à soupe de vin de riz ou de xérès sec
5 ml/1 cuillère à café de sel
5 ml/1 cuillère à soupe de sucre
2 gousses d'anis étoilé

Faites chauffer l'huile et faites frire la viande jusqu'à ce qu'elle soit dorée de tous les côtés. Ajoutez le reste des ingrédients, portez à ébullition, couvrez et laissez cuire doucement pendant environ 45 minutes, puis retournez la viande en ajoutant un peu d'eau et de sauce soja si la viande se dessèche. Cuire encore 45 minutes jusqu'à ce que la viande soit tendre. Avant de servir, jetez l'anis étoilé.

Boeuf aux asperges

Prestations 4

450 g de steak, en cubes
30 ml/2 cuillères à soupe de sauce soja
30 ml/2 cuillères à soupe de vin de riz ou de xérès sec

45 ml/3 cuillères à soupe de farine de maïs (amidon de maïs)
45 ml/3 cuillères à soupe d'huile d'arachide
5 ml/1 cuillère à café de sel
1 gousse d'ail, écrasée
350 g de pointes d'asperges
120 ml/4 fl oz/¬Ω tasse de bouillon de poulet
15 ml/1 cuillère à soupe de sauce soja

Placez le steak dans un bol. Mélangez la sauce soja, le vin ou le xérès et 30 ml/2 cuillères à soupe de maïzena, versez sur le steak et mélangez bien. Laisser mariner 30 minutes. Faites chauffer l'huile avec le sel et l'ail et faites revenir l'ail jusqu'à ce qu'il dore un peu. Ajouter la viande et la marinade et faire revenir 4 minutes. Ajoutez les asperges et faites revenir doucement pendant 2 minutes. Ajouter le bouillon et la sauce soja, porter à ébullition et laisser mijoter en remuant pendant 3 minutes jusqu'à ce que la viande soit cuite. Mélangez le reste de la semoule de maïs avec un peu d'eau ou de bouillon et incorporez-la à la sauce. Cuire en remuant pendant quelques minutes jusqu'à ce que la sauce soit claire et épaissie.

Boeuf aux pousses de bambou

Prestations 4

45 ml/3 cuillères à soupe d'huile d'arachide

1 gousse d'ail, écrasée

1 oignon nouveau (oignon vert), haché

1 tranche de racine de gingembre, hachée

225 g/8 oz de bœuf maigre, coupé en lanières

100 g de pousses de bambou

45 ml/3 cuillères à soupe de sauce soja

15 ml/1 cuillère à soupe de vin de riz ou de xérès sec

5 ml/1 cuillère à soupe de farine de maïs (amidon de maïs)

Faites chauffer l'huile et faites revenir l'ail, l'oignon et le gingembre jusqu'à ce qu'ils soient tendres. Ajouter le bœuf et faire revenir pendant 4 minutes jusqu'à ce qu'il soit légèrement doré. Ajoutez les pousses de bambou et faites revenir 3 minutes. Ajoutez la sauce soja, le vin ou le xérès et la semoule de maïs et faites frire pendant 4 minutes.

Boeuf aux pousses de bambou et champignons

Prestations 4

225 g/8 oz de bœuf maigre

45 ml/3 cuillères à soupe d'huile d'arachide
1 tranche de racine de gingembre, hachée
100 g de pousses de bambou, tranchées
100 g/4 oz de champignons, tranchés
45 ml/3 cuillères à soupe de vin de riz ou de xérès sec
5 ml/1 cuillère à soupe de sucre
10 ml/2 cuillères à soupe de sauce soja
sel et poivre
120 ml/4 fl oz/¬Ω tasse de bouillon de bœuf
15 ml/1 cuillère à soupe de farine de maïs (amidon de maïs)
30 ml/2 cuillères à soupe d'eau

Coupez la viande à contre-courant. Faites chauffer l'huile et faites revenir le gingembre pendant quelques secondes. Ajouter le bœuf et faire revenir jusqu'à ce qu'il soit doré. Ajoutez les pousses de bambou et les champignons et faites revenir 1 minute. Ajoutez le vin ou le xérès, le sucre et la sauce soja et assaisonnez de sel et de poivre. Incorporer le bouillon, porter à ébullition, couvrir et laisser mijoter 3 minutes. Mélangez la semoule de maïs et l'eau, incorporez la casserole et faites chauffer en remuant jusqu'à ce que la sauce épaississe.

Bœuf chinois chinois

Prestations 4

45 ml/3 cuillères à soupe d'huile d'arachide

900 g de steak

1 oignon nouveau (oignon vert), tranché

1 gousse d'ail, hachée

1 tranche de racine de gingembre, hachée

60 ml/4 cuillères à soupe de sauce soja

30 ml/2 cuillères à soupe de vin de riz ou de xérès sec

5 ml/1 cuillère à soupe de sucre

5 ml/1 cuillère à café de sel

un peu de poivre

750 ml/1¬° point/3 tasses d'eau bouillante

Faites chauffer l'huile et faites dorer rapidement le bœuf de tous les côtés. Ajouter l'oignon, l'ail, le gingembre, la sauce soja, le vin ou le xérès, le sucre, le sel et le poivre. Porter à ébullition en remuant. Ajoutez l'eau bouillante, ramenez à ébullition en remuant, puis couvrez et laissez mijoter 2 heures jusqu'à ce que le bœuf soit tendre.

Boeuf aux germes de soja

Prestations 4

450 g de bœuf maigre, tranché

1 blanc d'oeuf

30 ml/2 cuillères à soupe d'huile d'arachide

15 ml/1 cuillère à soupe de farine de maïs (amidon de maïs)

15 ml/1 cuillère à soupe de sauce soja

100 g/4 oz de germes de soja

25 g de choucroute râpée

1 piment rouge, écrasé

2 oignons (oignons verts), râpés

2 tranches de racine de gingembre, râpées

sel

5 ml/1 cuillère à soupe de sauce aux huîtres

5 ml/1 cuillère à soupe d'huile de sésame

Mélangez le bœuf avec le blanc d'œuf, la moitié de l'huile, la semoule de maïs et la sauce soja et laissez reposer 30 minutes. Blanchir les germes de soja dans l'eau bouillante pendant environ 8 minutes jusqu'à ce qu'ils soient presque tendres, puis égoutter. Faites chauffer le reste de l'huile et faites frire le bœuf jusqu'à ce qu'il soit légèrement doré, puis retirez-le de la poêle. Ajoutez le chou mariné, le piment, le gingembre, le sel, la sauce d'huîtres et l'huile de sésame et faites revenir 2 minutes. Ajoutez les germes de soja et faites frire pendant 2 minutes. Remettez le bœuf dans la poêle et faites-le frire jusqu'à ce qu'il soit bien mélangé et bien chaud. Servir immédiatement.

Bœuf avec brocoli

Prestations 4

450 g de steak, tranché finement
30 ml/2 cuillères à soupe de farine de maïs (amidon de maïs)
15 ml/1 cuillère à soupe de vin de riz ou de xérès sec
15 ml/1 cuillère à soupe de sauce soja
30 ml/2 cuillères à soupe d'huile d'arachide
5 ml/1 cuillère à café de sel
1 gousse d'ail, écrasée
225 g/8 oz de fleurons de brocoli
150 ml/¬° pt/poignée ¬Ω tasse de bouillon de bœuf

Placez le steak dans un bol. Mélangez 15 ml/1 cuillère à soupe de semoule de maïs avec du vin ou du sherry et de la sauce soja, incorporez à la viande et laissez mariner 30 minutes. Faites chauffer l'huile avec le sel et l'ail et faites revenir l'ail jusqu'à ce qu'il dore un peu. Ajouter le steak et la marinade et faire revenir 4 minutes. Ajoutez le brocoli et faites revenir 3 minutes. Ajouter le bouillon, porter à ébullition, couvrir et laisser mijoter 5 minutes jusqu'à ce que le brocoli soit tendre mais toujours croquant. Mélangez le reste de la semoule de maïs avec un peu d'eau et incorporez-la à la sauce. Cuire en remuant jusqu'à ce que la sauce soit claire et épaissie.

Bœuf au sésame et brocoli

Prestations 4

150 g de bœuf maigre, tranché finement
2,5 ml/¬Ω cuillère de sauce aux huîtres
5 ml/1 cuillère à soupe de farine de maïs (amidon de maïs)
5 ml/1 cuillère à soupe de vinaigre de vin blanc
60 ml/4 cuillères à soupe d'huile d'arachide
100 g/4 oz de fleurons de brocoli
5 ml/1 cuillère à soupe de sauce de poisson
2,5 ml/¬Ω cuillère de sauce soja
250 ml/8 fl oz/1 tasse de bouillon de bœuf

30 ml/2 cuillères à soupe de graines de sésame

Faire mariner la viande avec la sauce d'huîtres, 2,5 ml/½ cuillère à café de semoule de maïs, 2,5 ml/½ cuillère à café de vinaigre de vin et 15 ml/½ cuillère à café d'huile pendant 1 heure.

Pendant ce temps, faites chauffer 15 ml/1 cuillère à soupe d'huile, ajoutez le brocoli, 2,5 ml/½ cuillère à café de sauce de poisson, la sauce soja et le reste du vinaigre de vin et couvrez d'eau bouillante. Cuire environ 10 minutes jusqu'à tendreté.

Faites chauffer 30 ml/2 cuillères à soupe d'huile dans une poêle séparée et faites revenir brièvement le bœuf jusqu'à ce qu'il soit doré. Ajouter le bouillon, le reste de la semoule de maïs et la sauce de poisson, porter à ébullition, couvrir et laisser mijoter environ 10 minutes jusqu'à ce que la viande soit tendre. Égouttez le brocoli et placez-le sur une assiette chaude. Disposez la viande dessus et saupoudrez généreusement de graines de sésame.

Rôti de bœuf

Prestations 4

450 g de steak maigre, tranché
60 ml/4 cuillères à soupe de sauce soja
2 gousses d'ail, hachées
5 ml/1 cuillère à café de sel
2,5 ml/¬Ω cuillère à café de poivre fraîchement moulu
10 ml/2 cuillères à soupe de sucre

Mélanger tous les ingrédients et laisser mariner 3 heures. Griller ou griller (griller) sur un gril chaud pendant environ 5 minutes de chaque côté.

Bœuf Cantonais

Prestations 4

30 ml/2 cuillères à soupe de farine de maïs (amidon de maïs)
2 blancs d'œufs battus
450 g de steak, coupé en lanières
huile de friture
4 branches de céleri, tranchées
2 oignons, tranchés
60 ml/4 cuillères à soupe d'eau
20 ml/4 cuillères à café de sel
75 ml/5 cuillères à soupe de sauce soja
60 ml/4 cuillères à soupe de vin de riz ou de xérès sec
30 ml/2 cuillères à soupe de sucre
poivre fraîchement moulu

Mélangez la moitié de la semoule de maïs avec les blancs d'œufs. Ajouter le steak et remuer pour bien enrober la viande de pâte. Faites chauffer l'huile et faites frire le steak jusqu'à ce qu'il soit doré. Retirer de la poêle et égoutter sur du papier absorbant. Faites chauffer 15 ml/1 cuillère à soupe d'huile et faites revenir le céleri et l'oignon pendant 3 minutes. Ajoutez la viande, l'eau, le sel, la sauce soja, le vin ou le xérès et assaisonnez de sucre et de poivre. Porter à ébullition et laisser mijoter en remuant jusqu'à ce que la sauce épaississe.

Boeuf aux carottes

Prestations 4

30 ml/2 cuillères à soupe d'huile d'arachide
450 g de bœuf maigre, coupé en cubes
2 oignons (oignons verts), tranchés
2 gousses d'ail, hachées
1 tranche de racine de gingembre, hachée
250 ml/8 fl oz/1 tasse de sauce soja
30 ml/2 cuillères à soupe de vin de riz ou de xérès sec
30 ml/2 cuillères à soupe de cassonade
5 ml/1 cuillère à café de sel
600 ml/1 pt/2¬Ω verre d'eau
4 carottes, tranchées en diagonale

Faites chauffer l'huile et faites frire le bœuf jusqu'à ce qu'il soit tendre. Égoutter l'excès d'huile et ajouter l'oignon, l'ail, le gingembre et l'anis frits pendant 2 minutes. Ajouter la sauce soja, le vin ou le xérès, le sucre et le sel et bien mélanger. Ajouter l'eau, porter à ébullition, couvrir et laisser mijoter une heure. Ajoutez les carottes, couvrez et laissez mijoter encore 30 minutes. Retirez le couvercle et laissez mijoter jusqu'à ce que la sauce soit réduite.

Boeuf aux noix de cajou

Prestations 4

60 ml/4 cuillères à soupe d'huile d'arachide
450 g de steak, tranché finement
8 oignons (oignons verts), coupés en morceaux
2 gousses d'ail, hachées
1 tranche de racine de gingembre, hachée
75 g/3 oz/¬œ tasse de noix de cajou grillées
120 ml/4 fl oz/¬Ω tasse d'eau
20 ml/4 cuillères à soupe de farine de maïs (amidon de maïs)
20 ml/4 cuillères à soupe de sauce soja
5 ml/1 cuillère à soupe d'huile de sésame
5 ml/1 cuillère à soupe de sauce aux huîtres
5 ml/1 cuillère à soupe de sauce chili

Faites chauffer la moitié de l'huile et faites frire la viande jusqu'à ce qu'elle soit légèrement dorée. Retirer de la poêle. Faites chauffer le reste de l'huile et faites revenir l'oignon, l'ail, le gingembre et les noix de cajou pendant 1 minute. Remettez la viande dans la poêle. Mélangez le reste des ingrédients et incorporez le mélange dans la poêle. Porter à ébullition et laisser mijoter en remuant jusqu'à ce que le mélange épaississe.

Casserole de bœuf lente

Prestations 4

30 ml/2 cuillères à soupe d'huile d'arachide
450 g de ragoût de bœuf, en cubes
3 tranches de racine de gingembre, hachées
3 carottes, tranchées
1 navet, en cubes
15 ml/1 cuillère à soupe de dattes noires dénoyautées
15 ml/1 cuillère à soupe de graines de lotus
30 ml/2 cuillères à soupe de purée de tomates (pâte)
10 ml/2 cuillères à café de sel
900 ml/1¬Ω point/3¬œ tasse de bouillon de bœuf
250 ml/8 fl oz/1 tasse de vin de riz ou de xérès sec

Faites chauffer l'huile dans une grande casserole ou une poêle anti-flamme et faites frire la viande jusqu'à ce qu'elle soit saisie de tous les côtés.

Boeuf au chou-fleur

Prestations 4

225 g/8 oz de fleurons de chou-fleur
huile de friture
225 g/8 oz de bœuf, coupé en lanières
50 g de pousses de bambou, coupées en lanières
10 châtaignes d'eau coupées en lanières
120 ml/4 fl oz/¬Ω tasse de bouillon de poulet
15 ml/1 cuillère à soupe de sauce soja
15 ml/1 cuillère à soupe de sauce aux huîtres
15 ml/1 cuillère à soupe de purée de tomates (pâte)
15 ml/1 cuillère à soupe de farine de maïs (amidon de maïs)
2,5 ml/¬Ω cuillère d'huile de sésame

Faites cuire le chou-fleur 2 minutes dans l'eau bouillante puis égouttez-le. Faites chauffer l'huile et faites frire le chou-fleur jusqu'à ce qu'il soit légèrement doré. Retirer et égoutter sur du papier absorbant. Faites chauffer l'huile et faites frire le bœuf jusqu'à ce qu'il soit légèrement doré, puis retirez-le et égouttez-le. Versez tout sauf 15 ml/1 cuillère à soupe d'huile et faites frire les pousses de bambou et les châtaignes d'eau pendant 2 minutes. Ajouter le reste des ingrédients, porter à ébullition et laisser mijoter en remuant jusqu'à ce que la sauce épaississe. Remettez le bœuf et le chou-fleur dans la poêle et réchauffez doucement. Servir immédiatement.

Boeuf au céleri

Prestations 4

100 g de céleri, coupé en lanières
45 ml/3 cuillères à soupe d'huile d'arachide
2 oignons (oignons verts), hachés
1 tranche de racine de gingembre, hachée
225 g/8 oz de bœuf maigre, coupé en lanières
30 ml/2 cuillères à soupe de sauce soja
30 ml/2 cuillères à soupe de vin de riz ou de xérès sec
2,5 ml/¬Ω cuillère de sucre
2,5 ml/¬Ω cuillère à café de sel

Blanchir le céleri dans l'eau bouillante pendant 1 minute et bien l'égoutter. Faites chauffer l'huile et faites revenir l'oignon et le gingembre jusqu'à ce qu'ils soient tendres. Ajoutez le bœuf et faites revenir 4 minutes. Ajoutez le céleri et faites revenir 2 minutes. Ajoutez la sauce soja, le vin ou le xérès, le sucre et le sel et faites frire pendant 3 minutes.

Boeuf sauté au céleri

Prestations 4

30 ml/2 cuillères à soupe d'huile d'arachide
450 g de bœuf maigre, tranché
3 branches de céleri, hachées
1 oignon, râpé
1 oignon nouveau (oignon vert), tranché
1 tranche de racine de gingembre, hachée
30 ml/2 cuillères à soupe de sauce soja
15 ml/1 cuillère à soupe de vin de riz ou de xérès sec
2,5 ml/¬Ω cuillère de sucre
2,5 ml/¬Ω cuillère à café de sel
10 ml/2 cuillères à soupe de farine de maïs (amidon de maïs)
30 ml/2 cuillères à soupe d'eau

Faites chauffer la moitié de l'huile jusqu'à ce qu'elle soit très chaude et faites revenir le bœuf pendant 1 minute jusqu'à ce qu'il soit doré. Retirer de la poêle. Faites chauffer le reste de l'huile et faites revenir le céleri, l'oignon, la ciboule et le gingembre jusqu'à ce qu'ils soient légèrement tendres. Remettez le bœuf dans la poêle avec la sauce soja, le vin ou le xérès, le sucre et le sel, portez à ébullition et faites frire pour bien réchauffer. Mélangez la semoule de maïs et l'eau, mélangez dans la poêle et laissez mijoter jusqu'à ce que la sauce épaississe. Servir aussitôt.

Bœuf haché au poulet et céleri

Prestations 4

4 champignons chinois séchés
45 ml/3 cuillères à soupe d'huile d'arachide
2 gousses d'ail, hachées
1 racine de gingembre tranchée, hachée
5 ml/1 cuillère à café de sel
100 g de bœuf maigre, coupé en lanières
100 g de poulet coupé en lanières
2 carottes, coupées en lanières
2 branches de céleri, coupées en lanières
4 oignons (oignons verts), coupés en lanières
5 ml/1 cuillère à soupe de sucre
5 ml/1 cuillère à soupe de sauce soja
5 ml/1 cuillère à soupe de vin de riz ou de xérès sec
45 ml/3 cuillères à soupe d'eau
5 ml/1 cuillère à soupe de farine de maïs (amidon de maïs)

Faites tremper les champignons dans l'eau tiède pendant 30 minutes, puis égouttez-les. Jetez les tiges et coupez les chapeaux. Faites chauffer l'huile et faites revenir l'ail, le gingembre et un peu de sel jusqu'à ce qu'ils soient dorés. Ajouter le bœuf et le poulet et faire revenir jusqu'à ce qu'ils soient dorés. Ajouter le céleri, l'oignon, le sucre, la sauce soja, le vin ou le xérès et l'eau et porter à ébullition. Couvrir et cuire environ 15 minutes jusqu'à ce que la viande soit tendre. Mélangez la semoule de maïs avec un peu d'eau, incorporez-la à la sauce et faites cuire en remuant jusqu'à ce que la sauce épaississe.

Bœuf au piment

Prestations 4

450 g de steak, coupé en lanières
45 ml/3 cuillères à soupe de sauce soja
15 ml/1 cuillère à soupe de vin de riz ou de xérès sec
15 ml/1 cuillère à soupe de cassonade
15 ml/1 cuillère à soupe de racine de gingembre finement hachée
30 ml/2 cuillères à soupe d'huile d'arachide

50 g de pousses de bambou, coupées en allumettes
1 oignon, coupé en lanières
1 branche de céleri, coupée en allumettes
2 poivrons rouges épépinés et coupés en lanières
120 ml/4 fl oz/¬Ω tasse de bouillon de poulet
15 ml/1 cuillère à soupe de farine de maïs (amidon de maïs)

Placez le steak dans un bol. Mélangez la sauce soja, le vin ou le xérès, le sucre et le gingembre et remuez le steak. Laisser mariner 1 heure. Retirez le steak de la marinade. Faites chauffer la moitié de l'huile et faites revenir les pousses de bambou, l'oignon, le céleri et le piment pendant 3 minutes puis retirez-les de la poêle. Faites chauffer le reste de l'huile et faites frire le steak pendant 3 minutes. Mélangez la marinade, portez à ébullition et ajoutez les légumes frits. Cuire en remuant pendant 2 minutes. Mélangez le bouillon et la semoule de maïs et ajoutez-les à la poêle. Porter à ébullition et laisser mijoter en remuant jusqu'à ce que la sauce soit claire et épaissie.

Boeuf au chou chinois

Prestations 4

225 g/8 oz de bœuf maigre
30 ml/2 cuillères à soupe d'huile d'arachide
350 g de chou chinois, râpé
120 ml/4 fl oz/¬Ω tasse de bouillon de bœuf
sel et poivre fraîchement moulu
10 ml/2 cuillères à soupe de farine de maïs (amidon de maïs)
30 ml/2 cuillères à soupe d'eau

Coupez la viande à contre-courant. Faites chauffer l'huile et faites frire le bœuf jusqu'à ce qu'il soit doré. Ajouter le chou chinois et faire revenir jusqu'à ce qu'il soit tendre. Ajouter le bouillon, porter à ébullition et assaisonner de sel et de poivre. Couvrir et cuire 4 minutes jusqu'à ce que le bœuf soit tendre. Mélangez la semoule de maïs et l'eau, incorporez la casserole et faites chauffer en remuant jusqu'à ce que la sauce épaississe.

Steak de boeuf Suey

Prestations 4

3 branches de céleri, tranchées
100 g/4 oz de germes de soja
100 g/4 oz de fleurons de brocoli
60 ml/4 cuillères à soupe d'huile d'arachide
3 oignons (oignons verts), hachés
2 gousses d'ail, hachées
1 tranche de racine de gingembre, hachée
225 g/8 oz de bœuf maigre, coupé en lanières
45 ml/3 cuillères à soupe de sauce soja
15 ml/1 cuillère à soupe de vin de riz ou de xérès sec
5 ml/1 cuillère à café de sel
2,5 ml/¬Ω cuillère de sucre
poivre fraîchement moulu
15 ml/1 cuillère à soupe de farine de maïs (amidon de maïs)

Blanchir le céleri, les germes de soja et le brocoli dans l'eau bouillante pendant 2 minutes, puis égoutter et sécher. Faites chauffer 45 ml/3 cuillères à soupe d'huile et faites revenir l'oignon, l'ail et le gingembre jusqu'à ce qu'ils soient légèrement dorés. Ajoutez le bœuf et faites revenir 4 minutes. Retirer de la poêle. Faites chauffer le reste de l'huile et faites revenir les légumes pendant 3 minutes. Ajoutez le bœuf, la sauce soja, le vin ou le xérès, le sel, le sucre et un peu de poivre et faites revenir 2 minutes. Mélangez la semoule de maïs avec un peu d'eau, incorporez-la dans la poêle et faites chauffer en remuant jusqu'à ce que la sauce soit claire et épaissie.

Boeuf au concombre

Prestations 4

450 g de steak, tranché finement
45 ml/3 cuillères à soupe de sauce soja
30 ml/2 cuillères à soupe de farine de maïs (amidon de maïs)
60 ml/4 cuillères à soupe d'huile d'arachide
2 concombres pelés, épépinés et tranchés

60 ml/4 cuillères à soupe de bouillon de poulet
30 ml/2 cuillères à soupe de vin de riz ou de xérès sec
sel et poivre fraîchement moulu

Placez le steak dans un bol. Mélangez la sauce soja et la semoule de maïs et incorporez le steak. Laisser mariner 30 minutes. Faites chauffer la moitié de l'huile et faites frire les concombres pendant 3 minutes jusqu'à ce qu'ils soient opaques, puis retirez-les de la poêle. Faites chauffer le reste de l'huile et faites frire le steak jusqu'à ce qu'il soit doré. Ajouter les concombres et faire revenir 2 minutes. Ajoutez du bouillon, du vin ou du xérès et assaisonnez de sel et de poivre. Portez à ébullition, couvrez et laissez cuire 3 minutes.

Chow Mein au bœuf

Prestations 4

750 g de steak

2 oignons

45 ml/3 cuillères à soupe de sauce soja

45 ml/3 cuillères à soupe de vin de riz ou de xérès sec
15 ml/1 cuillère à soupe de beurre de cacahuète
5 ml/1 cuillère à soupe de jus de citron
350 g/12 oz de nouilles aux œufs
60 ml/4 cuillères à soupe d'huile d'arachide
175 ml/6 fl oz/¬œ tasse de bouillon de poulet
15 ml/1 cuillère à soupe de farine de maïs (amidon de maïs)
30 ml/2 cuillères à soupe de sauce aux huîtres
4 oignons (oignons verts), hachés
3 branches de céleri, tranchées
100 g/4 oz de champignons, tranchés
1 poivron vert, coupé en lanières
100 g/4 oz de germes de soja

Retirez le gras de la viande et jetez-la. Coupez le grain en fines tranches. Coupez les oignons en morceaux et séparez les couches. Mélangez 15 ml/1 cuillère à soupe de sauce soja avec 15 ml/1 cuillère à soupe de vin ou de xérès, du beurre de cacahuète et du jus de citron. Mélangez la viande, couvrez et laissez reposer 1 heure. Cuire les nouilles dans l'eau bouillante pendant environ 5 minutes ou jusqu'à ce qu'elles soient tendres. Bien égoutter. Faites chauffer 15 ml/1 cuillère à soupe d'huile, ajoutez 15 ml/1 cuillère à soupe de sauce soja et les nouilles et faites frire pendant 2 minutes jusqu'à ce qu'elles soient légèrement dorées. Transférer dans une assiette chaude.

Incorporer le reste de la sauce soja et le bouillon de vin ou de xérès, la semoule de maïs et la sauce aux huîtres. Faites chauffer 15 ml/1 cuillère à soupe d'huile et faites revenir l'oignon pendant 1 minute. Ajoutez le céleri, les champignons, le poivre et les germes de soja et faites revenir 2 minutes. Retirer du wok. Faites chauffer le reste de l'huile et faites frire le bœuf jusqu'à ce qu'il soit doré. Ajouter le mélange de bouillon, porter à ébullition, couvrir et laisser mijoter 3 minutes. Remettez les légumes dans le wok et faites cuire en remuant jusqu'à ce qu'ils soient bien chauds, environ 4 minutes. Versez le mélange sur les nouilles et servez.

Steak de concombre

Prestations 4

450 g de steak
10 ml/2 cuillères à soupe de farine de maïs (amidon de maïs)
10 ml/2 cuillères à café de sel
2,5 ml/¬Ω cuillère à café de poivre fraîchement moulu
90 ml/6 cuillères à soupe d'huile d'arachide
1 oignon, finement haché
1 concombre, pelé et tranché

120 ml/4 fl oz/½ tasse de bouillon de bœuf

Coupez le steak en lanières puis en fines tranches à contre-courant. Placer dans un bol et mélanger la semoule de maïs, le sel, le poivre et la moitié de l'huile. Laisser mariner 30 minutes. Faites chauffer le reste de l'huile et faites revenir le bœuf et l'oignon jusqu'à ce qu'ils soient tendres. Ajouter les concombres et le bouillon, porter à ébullition, couvrir et cuire 5 minutes.

Curry de bœuf au four

Prestations 4

45 ml/3 cuillères à soupe de beurre
15 ml/1 cuillère à soupe de curry en poudre
45 ml/3 cuillères à soupe de farine nature (tout usage).
Verre de lait de 375 ml/13 fl oz/1½
15 ml/1 cuillère à soupe de sauce soja
sel et poivre fraîchement moulu

450 g de bœuf cuit, haché

100 g de petits pois

2 carottes, hachées

2 oignons, hachés

225 g de riz long cuit, chaud

1 œuf dur (dur), tranché

Faire fondre le beurre, incorporer la poudre de curry et la farine et cuire 1 minute. Incorporer le lait et la sauce soja, porter à ébullition et laisser mijoter en remuant pendant 2 minutes. Assaisonnez avec du sel et du poivre. Ajouter le bœuf, les pois, les carottes et l'oignon et bien mélanger pour bien les enrober de sauce. Incorporer le riz, puis transférer le mélange dans un plat allant au four et cuire au four à 200 ¬∞C/ 400 ¬∞F/thermostat 6 pendant 20 minutes jusqu'à ce que les légumes soient tendres. Servir garni de tranches d'œuf dur.

www.ingramcontent.com/pod-product-compliance
Lightning Source LLC
Chambersburg PA
CBHW071334110526
44591CB00010B/1143